KB156261

미디어 칼럼의 이해

미디어 칼럼의 이해

김선남

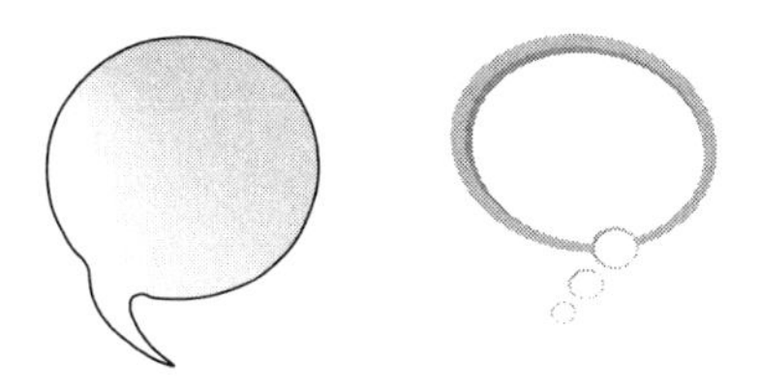

시간의 물레

머리말

최근 교육당국은 글쓰기의 중요성을 인식하고 그와 관련된 훈련프로그램을 운영하는데 많은 노력을 쏟고 있다. 고등학생을 대상으로는 논술에 필요한 기법을 가르치고, 취업을 앞둔 대학생을 대상으로는 '자기소개서'나 '서류면접 답안'을 작성하는 기법을 가르치고 있다. 특히 대학당국이 글쓰기 능력을 배양시키는 것에 적극적이다. 그 이유는 요즈음 기업들이 신입사원 선발을 시험성적에 국한하는 것에서 벗어나 자기소개서, 서류작성능력 등과 같은 글쓰기 능력까지 고려하기 때문이다.

입학과 취업에 새로운 변화가 나타나면서 신문방송학과도 글쓰기 능력을 중시하고 학생들이 필요한 훈련을 받을 수 있도록 교과과정을 개편하고 있다. 특히 기사작성과 관련된 과목들을 설강하여 학생들의 글쓰기 능력을 키우고 있다. 대형서점의 한 쪽이 '미디어 글쓰기', '취재보도론', '취재방법론', '신문기사쓰기', '방송기사쓰기' 등과 같은 책으로 채워진 것도 바로 이런 이유 때문이다.

이 분야의 책들은 기사작성법, 뉴스윤리 등을 소개함으로써 독자들이 기사작성과 관련된 내용을 이해하는데 적지 않게 기여했다. 그러나 대부분의 저서들은 원론적인 차원에서 이러한 논의를 하기 때문에 이를 실전에 적용하기가 쉽지 않았다. 무엇보다도 이러한 책은 기사나 칼럼을 작성할 때 직면하는 세세한 문제를 해결하는 데 필요한 대응방법을 제시는데 다소 미흡하다. 이 책은 그러한 간극을 메우는 데 그 목적을 두었다.

칼럼작성에 필요한 자세한 정보를 제공할 목적으로 저술된 이 책은 사례를 활용하여 글쓰기 방법을 소개하고 칼럼작성에 유용한 팁을 제공하도록 내용을 구성했다. 보다 구체적으로 이 책은 예비 칼럼니스트의 글쓰기 훈련방법, 윤리의식, 칼럼의 가치 등을 논의하고, 이러한 논의의 바탕 위에서 독자가 실제로 칼럼이나 논술을 쓸 때 필요한 아이디어, 주제 및 소재 등을 어디서 어떻게 얻어올 것인지를 담아냈다. 나아가 예비 칼럼니스트를 위해서 취재보도 가이드라인도 소개했다.

이 책에 포함된 칼럼은 저자가 여러 인쇄매체를 통해 발표한 것들이다. 이들은 정치, 경제, 문화, 교육 등과 관련된 시사 문제를 소재로 작성되었기 때문에 사례의 내용은 독자의 글쓰기 훈련에 유용한 팁을 제공할 수 있을 것이다. 이 책은 독이성을 높이고 책의 특성을 최대한 살리는 의미에서 참고문헌과 인용한 각주를 생략하였음을 밝혀둔다.

이 책은 칼럼이 무엇인지, 어떻게 써야 하는지 등과 관련된 구체적인 이슈를 다루었기 때문에 독자들이 이 책을 통해서 칼럼이나 논술 작성의 기본 틀을 구축하는데 큰 도움을 얻을 수 있을 것이다. 이 책이 논술문이나 칼럼을 쓰고자 하는 독자들에게 유용한 자료로 활용되기를 바란다.

저자 씀

차 례

6. 칼럼 읽기 ······ 39

1 미디어와 사회

21세기 들어서면서부터 우리는 정보매체에 파묻혀 살기 시작했다. 이러한 현상은 사이버세상이 열리고 전통매체에 인터넷 매체가 가세하면서 더 심화됐다. 대다수의 사람들은 아침에 눈을 뜨면서부터 잠자리에 들 때까지 다양한 정보매체를 통해서 정보를 얻고 있다. 이것이 요즈음 세상의 대세다. 이러한 상황에서 정보매체를 멀리하게 되면 우리는 현대인들이 가장 두려워하는 삶, 즉 현실과 괴리되고 시대에 뒤떨어진 삶을 피하기 어렵다. 그렇기 때문에 우리는 오늘도 정보매체에 의존해서 경쟁적으로 정보를 수집하고 있는 것이다.

우리가 정보매체에 의존할 수밖에 없는 것은 세상이 너무나 넓고 서로 복잡하게 얽혀 있기 때문이다. 잘 알려진 것처럼 지구촌화(globalization) 때문에 우리가 커버해야 할 세상은 넓어졌지만 직접 접할 수 있는 세상은 여전히 제한돼 있다. 설령 우리가 직접 접한다고 할지라도 상황이 매우 복잡해서 그 전모를 파악하기도 쉽지 않을 뿐만 아니라 이해하기도 어렵다. 그렇기 때문에 우리는 정보매체를 통해서 접촉의 범위를 넓히는 한편 상황파악도 해야 한다. 즉 현대인들은 미디어를 통해서 직·간접적으로 환경을 접하고 이해하고 적응하는 방식을 택하고 있다.

미디어는 우리와 우리가 경험하는 현실을 묶어주는 연결고리 역할을

한다. 그렇기 때문에 우리는 미디어를 다음과 같이 정의할 수 있다.[1)]

①미디어는 시간과 경험의 창문과 같다. 우리는 미디어를 통해서 이 세상을 경험하고 비전을 확대한다.

②미디어는 우리 사회와 다양한 사건들을 비추는 거울과 같다. 우리는 미디어에 의해서 이 세상의 모습을 이해한다.

③미디어는 여과장치 혹은 게이트키퍼와 같다. 미디어는 우리가 특별히 주목해야만 할 부분을 선택하여 보여준다. 이 과정에서 특정한 관점이나 목소리는 배제될 수 있다.

④미디어는 길잡이 안내자 혹은 해설자와 같다. 미디어는 애매한 것을 명료하거나 분명하게 해준다.

⑤미디어는 포럼 혹은 플랫폼과 같다. 미디어는 다양한 정보와 아이디어를 우리에게 제공해주며 또 여러 사람들의 반응과 피드백도 알려준다.

⑥미디어는 정보의 배급원이다. 미디어는 우리에게 매일 수많은 정보를 전달한다.

2 뉴스란 무엇인가

뉴스(news)는 라틴어 'nova'에서 나온 말이다. 뉴스는 영어로는 'news', 불어는 'nouvelles', 독일어는 'neues'인데 이들 모두 '소식', 혹은 '새로운 것'이라는 뜻을 담고 있다고 한다. 또 뉴스는 영어 뉴스(news)의 단어, 즉 네 방향(north, east, west, south) 등의 첫 글자를 붙여서 만들어졌다는 설도 있다.[2)]

일반적으로 뉴스는 '보도된 새로운 정보나 사건'이라고 정의된다. 이때 '보도된'이라는 말이 의미하는 것은 언론 매체를 통해서 보도되었을 때만 그 정보나 사건이 뉴스가 된다는 것이다.[3)] 언론학계는 이러한 정의를 좀 더 확대해서 해석하고 있다. 즉 언론학계는 '뉴스'를 '우리 주변에서 일어나는 사실이나 사건을 매스 미디어의 보도 틀에 맞추어 재구성한 이야기'로 이해하고 있다.[4)]

3 뉴스가치

우리는 매일 새로운 일들을 경험한다. 정치·경제·사회·문화 등의 영역에서 다양한 정책이 발표되는 것을 경험하는가 하면 가정폭력·자살·성폭력·살인 등과 같은 사건사고를 접하기도 한다. 행복한 일을 겪는가 하면 슬프거나 불행한 일도 겪는다. 또 놀랍거나 신기한 일들도 경험한다. 이런 많은 일들은 언론을 통해서 유포될 수 있는 소재들이다. 그러나 언론은 시간과 지면의 제한 속에서 활동하기 때문에 많은 일들 가운데 일부만을 선택해서 보도한다. 즉 특별한 것만 뉴스로 만들어지는 것이다. 기자들이 수많은 아이템 가운데 일부만을 선택하여 이를 기사로 만드는 과정을 우리는 게이트키핑(gatekeeping)이라고 한다.

그렇다면 기자들은 어떤 기준을 가지고 일어난 사건 중에서 뉴스 아이템으로 선택하는가, 사건의 어떤 특성이 기자의 시선을 사로잡는가 등에 관한 이해가 필요하다. 이와 관련해서 우리가 알아야 할 개념이 바로 뉴스가치(news value)다. 뉴스가치는 사건이 갖고 있는 기사화될 만한 가치의 정도를 의미한다. 기자들은 수많은 사건사고 중에서 뉴스가치가 있는 것만을 그날의 뉴스 아이템으로 선정하여 보도한다. 즉 뉴스가치는 언론인이 특정한 사건을 접했을 때 뉴스로 보도할 가치가 있는지를 결정하는 판단 기준이다.

뉴스가치는 다분히 상대적이다. 예를 들면 한 사건이 현재 관심을 끄는 것이라고 할지라도 이것보다 더 흥미로운 사건이 발생하게 되면 기존의 것은 새롭게 발생한 흥미로운 사건에 비해서 뉴스로 보도될 가능성이 낮다. 뉴스가치를 결정하는 요인을 상세히 이해하는 것이 우선적으로 필요하다. 무엇보다 뉴스가치는 '사람', '장소', '시간' 등과 무관치 않다.[5] 이 책은 다음의 뉴스가치를 상세히 소개하겠다. 저명성(prominence), 시의성(timeliness), 근접성(proximity), 영향성(consequence), 흥미성(interest), 갈등성(conflict), 재앙(disaster)

(1) 저명성

유명한 사람과 관련된 사건은 그렇지 못한 사람이 관련된 사건보다 뉴스가치가 높다. 예를 들면 일반인이 저지른 음주운전은 뉴스로 다뤄지지 않지만 유명한 정치인의 음주운전은 신문이나 방송의 주요뉴스로 다뤄진다. 이처럼 '사건' 그 자체보다는 '사람'이 보도에서 부각되는 이유는 바로 저명성이 '뉴스가치'를 갖기 때문이다. 분석을 해보면 뉴스에서는 정치인, 각 분야의 권위자, 재벌기업의 총수, 유명대학의 총장 등이 자주 등장한다. 기자들은 정치인이나 유명인사 주변을 맴돌며 그들과 긴밀한 관계를 유지하려고 하는데 이러한 기자의 활동도 '저명성'이라는 뉴스가치와 결코 무관치 않다.

(2) 시의성

최근 발생한 사건이 그 전에 발생한 사건보다 뉴스가치 면에서 훨씬 우월하다. '시의성'은 과거보다 현재와 관련된 개념이기 때문에 최근에 일어난 일이 주요 뉴스가 된다. 그러나 반드시 최근에 일어난 사건만 뉴스가치를 갖는다는 것은 결코 아니다. 단지 다른 모든 조건이 같다면 최근에 일어난 사건이 높은 뉴스가치를 갖는다는 뜻이다. 때로는 사건의 심각성이 시의성보다 더 중요할 때도 있다.[6] 이런 시의성은 신기성(novelty)과 밀접하게 관련돼 있다. 그날 발생한 사건사고 가운데 시청자나 독자들에게 있어서 신기한 이슈로 다가갈수록 그것은 더 높은 가치를 갖는다는 것이다. 가장 최근에 발생한 많은 사건 중에서 신기한 것이 그 날의 뉴스 아이템으로 선택될 확률이 가장 높다.

(3) 근접성

사건사고가 독자나 시청자와 지리적으로나 심리적으로 가까우면 가까울수록 뉴스가치가 크다. 이는 지리적인 것과 관련되어 있다. 예를 들면 경기 지역 주민들은 부산 지역 관련 뉴스보다는 서울 지역 관련 뉴스를 더 주목할 것이다. 반면 경상도 지역 주민들은 경기 관련 뉴스보다는 부산 관련 뉴스를 더 주목할 것이다. 이처럼 먼 곳에서 일어난 사건보다는 가까운 곳에서 일어난 사건이 뉴스로서 더 높은 가치를 갖는 것은 당연한 일일 것이다. 이를 우리는 '공간적 근접성의 원칙'이라고 한다.

또한 우리는 뉴스가치를 비교할 때 심리적 요인을 고려하기도 한다. 예를 들면 우리는 지리적으로 가까운 필리핀보다 지리적으로 더 먼 미국과 관련된 뉴스에 관해서 높은 관심을 둘 수 있다. 그 이유는 한국인은 미국을 필리핀보다 심리적으로 더 가까운 사회로 인식하기 때문이다. 이를 우리는 '심리적 근접성의 원칙'이라고 한다. 다시 말해 공간적 근접성과 심리적 근접성이 뉴스가치를 결정하는 중요한 요인으로 작용하여 그날의 뉴스아이템을 선택하는데 영향을 미칠 수 있다.

(4) 영향성

많은 수(size)의 사람들에게 영향을 주는 그리고 사회적으로 반향을 일으키는 사건사고일수록 뉴스가치가 높다. 미국의 대통령 선거가 아시아 국가의 대통령 선거보다 더 크게 보도되는 것은 미국 행정부의 정책이 우리 사회에 미칠 영향이 크기 때문이다.

뉴스 가운데 특정 아이템의 뉴스가 사회적으로 더 큰 영향력을 행사할 수 있다. 우리는 통상 영향력이 큰 특정 아이템의 뉴스가치를 높게 평가한다. 따라서 같은 대표의 발언이라 할지라도 여당대표의 발언이 야당대표 발언보다 국민에게 미치는 영향력이 더 크기 때문에 뉴스는 여당대표를 더 많이 다루고 그 발언을 더 크게 조명한다. 우리가 칼럼의 주제와 소재를 개발할 때 그것이 얼마나 많은 사람에게 영향을 미치는가, 여론형성에 얼마나 기여하나 등을 고려해야 하는 이유가 바로 영향성이라는 요인 때문이다.

(5) 흥미성

사람들은 호기심을 유발하거나 재미를 주는 뉴스를 선호한다. 그렇기 때문에 흥미성이 있는 뉴스 아이템들이 높은 뉴스가치를 갖게 된다. 기자들은 독자들이 무엇을 궁금해 하는지, 어떤 정보를 원하는지를 끊임없이 연구하고 그런 소재를 대상으로 뉴스를 만들어내는 이유가 바로 이런 흥미성이 갖는 뉴스가치 때문이다. 이런 유형의 뉴스는 스트레이트 뉴스보다는 칼럼, 사설 등과 같은 의견기사 형태로 제작되는 경우가 많다.

(6) 갈등성

사회적 혹은 개인적 갈등이 표출된 사건사고가 높은 뉴스 가치를 갖는다. 뉴스보도 기자들이 갈등상황에서 발생한 사건에 관한 기사를 더 많이 내는 이유도 바로 갈등성이 갖는 뉴스가치 때문이다.[7] 예를 들면 축구경기는 작은 뉴스꼭지로 다루어지만 축구경기가 끝난 후에 선수들 사이에 발생한 폭력사건은 주요 뉴스로 부각된다.[8] 뉴스채널이 살인, 데모 등을 정치나 경제 이슈보다 더 크게 보도하는 것도 같은 이유에서 비롯된다. 최근 언론이 대서특필했던 '유치원의 아동폭력', '2명의 남편과 시어머니를 살해한 아내' 등의 뉴스를 상기해 본다면 우리는 갈등성이 갖는 뉴스가치를 이해할 수 있을 것이다.

(7) 재앙

지진이나 홍수, 태풍, 폭설 등과 같은 자연재해나 화재, 붕괴, 교통사고 등과 같은 인공재앙 역시 높은 뉴스가치를 갖는다. 이러한 아이템들이 뉴스거리로 자주 등장하는 이유도 재해나 재앙이 갖는 뉴스가치에서 비롯된다. '세월호 침몰' 관련 뉴스보도가 얼마나 오랫동안 우리 언론에서 등장하였는지를 상기해 보면 재앙이 갖는 뉴스가치를 잘 이해할 수 있을 것이다. 기자들이 특히 재앙에 주목하는 이유는 재앙이 우리 사회에 미치는 영향이 지대하기 때문이다.

4 기사의 유형

기자가 작성하는 기사문장은 외형적인 특성에 따라서 스트레이트(straight) 기사, 피처(feature) 기사, 에디토리얼(editorial) 기사 등 세 가지 유형으로 나누어 볼 수 있다.[9)]

(1) 스트레이트 기사

사실보도는 객관적 정보와 사실의 전달에 중점을 두고 있다. 이런 보도는 특정한 정보나 사실을 전달하는데 있어서 기자의 논평이나 의견이 가미되지 않고 '있는 그대로'가 기술되는 특성을 갖는다. 사실보도는 언론의 환경감시기능에 해당하는 언론활동이라고 하겠다. 사실보도는 기사의 기본이라고 할 수 있는 스트레이트 기사가 해당한다.

스트레이트 기사는 사건사고 등 기자가 취재한 뉴스를 사실적, 객관적으로 기술하는 보도 유형으로 신문에서 가장 많이 등장한다. 스트레이트 기사는 사회면에 실린 사건사고 보도로 이해할 수 있다. 스트레이트 기사는 크게 육하원칙에 따라 구체적인 사실을 전하는 부분과 이 사실을 얘기해준 취재원(source)을 밝히는 유형으로 작성된다.

(2) 피처 기사

피처 기사는 스트레이트 기사를 보완 혹은 보강해 주는 기사를 말한다. 이는 스트레이트 기사에서 제대로 전달하지 못한 사건사고의 내막이나 배경 등을 상세하게 취재하여 전달한다. 피처 기사의 목적은 독자의 궁금증을 풀어주는데 있다. 따라서 피처 기사는 사건사고의 내막이나 배경, 혹은 해당 사건과 관련된 인물들의 주변 이야기 등을 심층적으로 취재해서 보다 자세하고 생생하게 전달하는 수법을 동원한다.

피처 기사에는 해설 기사나 스케치 기사, 화제성 기사, 르뽀 기사 등이 포함된다.[10] 피처 기사는 시간이나 공간적인 한계 때문에 특정 사건이나 사고를 직접 경험하거나 체험하기 쉽지 않은 독자들을 대상으로 이들에게 심층적인 정보를 제공하기 위해 제작된다. 이런 기사는 독자들에게 특정사건이나 사고에 대한 충분한 정보와 이해를 하도록 다양한 정보를 제공한다.

피처 기사는 독자들이 실제 사건을 직접 눈으로 목격한 것처럼 생생하게 체험할 수 있도록 그 내용을 심층적으로 전달해야 하는데 이를 위해서 현장감 있는 묘사법을 동원한다.

피처 기사는 사건사고의 이면을 알기 쉽게 설명 혹은 분석해 주는 기능을 수행하는데 역점을 둔다. 피처 기사는 무엇보다 특정 사건이나 사고의 중요성, 원인과 배경, 추세 등을 자세하게 설명해 주고 해설을 통해서 독자들의 판단과 미래 예측에 도움을 주는 방향으로 작성해야 할 것이다.

(3) 에디토리얼 기사

에디토리얼 기사는 사실에 근거해서 사안에 대한 문제점이나 집필자의 판단, 의견, 주장, 해결책을 제시하는 기사를 말한다. 이런 유형의 기사는 특정 사안 혹은 쟁점에 대한 가치 평가적 주장이나 견해를 제공함으로써 결과적으로 독자들의 신념, 가치, 의사결정에 영향력을 행사하게 된다. 에디토리얼 기사에는 사설이나 칼럼 등이 포함된다.

사설과 칼럼은 언론사나 집필자의 견해가 반영돼 특정한 관점이 내재되어 있다. 특히 이런 글을 쓰는 필자는 특정 분야의 전문적 안목을 가지고 있어야 하며 동시에 뛰어난 필력을 가지고 있어야 한다. 자신의 논지를 제대로 풀어나갈 수 있는 능력, 즉 글의 논리적 구성을 자유자재로 할 수 있는 문장력을 가지고 있어야 할 것이다. 칼럼니스트는 시사나 사회문제에 관한 글을 쓰기 때문에 해당 분야에 대한 해박한 지식이나 정보를 가진 전문가일 수 있다.

이런 에디토리얼 기사를 작성하는 칼럼니스트들은 여론형성이나 정책결정 그리고 사회변화를 주도하는 오피니언 리더의 역할을 수행하게 되기 때문에 지나친 주관적 판단이나 편파적 개입 등과 같은 왜곡된 안목에서 벗어나야 할 것이다.

에디토리얼 기사는 특정 사안에 대한 찬반을 유도하고 독자들에게 특정 사안에 대한 평가 비전을 제시해 준다. 흔히 이런 기사를 "바닷길의 등대"라고 칭한다.[11)]

5 칼럼의 특성

(1) 칼럼의 등장 배경

한국 신문에서 칼럼이 고정란으로 자리를 잡은 것은 1950~60년대부터였다. 당시 신문 지면에 칼럼란이 등장했고 주로 편집간부들이 기명으로 글을 썼다.[12] 1990년대에 들어 한국 신문은 양적·질적인 면에서 급성장을 이루면서 칼럼은 오피니언 면에 본격적으로 등장했다.

이재경은 한국의 신문에서 오피니언 면이 정착하게 된 것을 다음과 같은 네 가지 이유로 설명했다.[13]

첫째, 신문 지면이 급격한 증가하여 이를 채워 넣을 기사가 필요했다. 1980년대 16~24면 정도 발행되었던 신문은 1990년대 들어서면서 32~48면으로 확장됐다. 이에 신문지면의 편집공간에 여유가 생겼으며 그 결과 뉴스분량이 부족한 현상이 나타났다. 신문사는 스트레이트 뉴스로 채울 수 없는 지면을 오피니언 기사(예, 사설이나 칼럼)로 채워 넣기 시작했다.

둘째, 텔레비전을 중심으로 다양한 전자매체가 신문의 속보성을 도전하는 현상이 나타났다. 이에 신문사들은 전자매체와의 차별화를 추구하여 단순한 속보가 아닌 분석과 주장을 곁들인 오피니언 기사를 발굴하여 지면을 확대했다.

셋째, 독자의 요구가 변화했다. 적극적이고 능동적인 독자들이 늘면서 이들을 중심으로 신문지면이 다양한 의견과 주장을 담아낼 수 있는 매체가 되기를 바라는 욕구가 커졌다. 신문이 오피니언 면을 확장한 것은 바로 이러한 독자집단의 요구를 수용하려는 정책이 반영된 결과였다.

넷째, 오피니언 면을 제도화한 미국과 일본의 영향을 받았다. 외국의 경우 벌써 오래 전부터 이런 오피니언 면을 통해 사설이나 칼럼의 형식을 빌려 독자들에게 사건이나 이슈에 대한 전문적이고 심층적인 내용을 전달하는데 주력해 왔다. 한국 신문도 해외 신문의 이러한 정책을 벤치마킹해서 이를 적극적으로 수용했다.

(2) 칼럼의 특성

칼럼은 '신문이나 잡지 따위의 시사성 있는 문제나 사회의 관심거리 등에 대한 짧은 기고 혹은 그 기고란'을 의미한다.[14] 이런 정의에 의하면 칼럼은 의견기사에 해당하는 것으로써 한 개인이 사회적으로 이슈가 되는 문제를 개인적 견해에 입각해서 구성하는 기사로 이해할 수 있다.

크리스토퍼는 칼럼의 성립요건으로 다음 세 가지 기준을 제시한 바 있다.[15] 첫째, 칼럼은 같은 간행물의 같은 위치에, 정기적으로, 고정된 제호와 기고자 이름으로 게재돼야 한다. 둘째, 칼럼니스트는 항상 독자를 의식할 뿐만 아니라 특정한 시점에 문제가 되고 있는 현안을 의식하고 이를 글로 써야 한다. 셋째, 칼럼은 개성을 드러내는 개인 저널리즘(personal journalism)이다.

또한 크리스토퍼(Christopher)는 칼럼니스트가 지녀야 할 자질을 다음과 같이 규정했다.[16]

첫째, 자신만의 일관되고 강력한 삶에 대한 철학이 있어야 한다.

둘째, 자신만의 글쓰기 양식이 있어야 한다.

셋째, 다양한 영역에 대한 관심사를 가지고 있어야 한다.

넷째, 외부 압력에 길들여지지 않아야 한다.

다섯째, 시야를 넓히기 위한 끊임없는 노력을 해야 한다. 예를 들면, 1년에 한 차례 이상 여행을 통해 새로운 시야를 구축하는 노력이 필요하다.

여섯째, 외부의 비판으로부터 초연할 수 있어야 한다.

칼럼과 사설은 의견보도라는 점, 중요한 사건을 선택하여 이를 해설하고 진단하고 나아가 여론을 형성하는 역할을 수행한다는 점 등에서 유사하지만 그럼에도 불구하고 둘 사이에는 적지 않은 차이가 있다.[17]

칼럼과 사설을 비교하면,

첫째, 글의 형식에서 다르다. 사설은 논리를 중시하는 논문형식으로 작성되는 반면 칼럼은 자유로운 수필의 형식으로 작성된다.

둘째, 글의 주체가 누구인가라는 점에서 다르다. 사설은 주제와 논조 결정이 한 개인이 아니라 여러 명의 논설위원들에 의해서 이루어진다는 점에서 칼럼과 크게 다르다. 즉 사설은 논설위원들의 전체회의를 통해서 다루어질 주제와 논조가 선택된다. 대체로 사설의 주제와 논조는 신문사 사시, 편집방향, 내규, 관행, 사주의 운영방침, 광고주와의 관계 등의 요소에 의해 결정된다고 한다.[18] 반면 칼럼은 전적으로 한 개인에 의해서 만들어진다. 사설을 신문사의 의견이나 주장이라고 한다면, 칼럼은 개인의 의견이나 주장이다. 이에 따라 칼럼은 사설보다 독자들의 인기를 더 얻을 수 있을 뿐만 아니라 여론 형성에도 더 크게 기여할 수 있다.

셋째, 기명성이 다르다. 즉 사설은 우리를 서술 주체로 하고 칼럼은 나를 주체로 하기 때문에 사설은 무기명으로 작성되는 반면 칼럼은 기명으로 작성된다. 칼럼이 기명성을 부여해서 집필자의 이름이 '칼럼명'으로 사용되도록 하는 이유는 필자가 그 칼럼 내용에 대해서 책임을 지는 것을 전제로 한 것이다.[19] 이런 맥락에서 본다면 칼럼니스트는 자신의 주장이나 의견의 사회적 영향력은 물론 사회적 책임에 대해 충분한 고려를 해야 할 것이다.

넷째, 가독률이 다르다. 즉 칼럼은 사설보다 가독성이 훨씬 더 높다. 그 이유는 그 소재와 주제가 대체로 시사나 사회문제를 다루고 있으며 쉬운 문체로 필자의 개성이 두드러지기 때문이다. 이와 관련하여 오소백은 칼럼이 사설보다 독자들에게 더 인기를 얻는 이유를 다음과 같이 설명하고 있다.[20]

①칼럼은 사설이 가지고 있는 요소와 피쳐 기사가 가지고 있는 요소를 동시에 가지고 있다. 즉 칼럼은 사설과 같이 어떤 사건의 전모를 예리하게 비판하고 독자들이 요구하는 결론을 제시하면서 그 속에 피쳐의 요소인 따뜻한 인간적 애정을 동시에 포함하고 있다.

②칼럼은 사설처럼 딱딱하고 어렵지 않다. 사설과 같이 논리는 정연하지만 재치가 있고 세속적인 말을 이따금 사용하면서 쉽고 부드럽게 기술된다.

③칼럼은 단문이면서 내용이 풍부하다. 복잡한 현대사회에 사는 독자는 단순히 긴 문장을 읽을 시간적 혹은 정신적 여유가 없기 때문에 짧으면서도 내용이 풍부한 칼럼과 같은 문장을 좋아한다.

(3) 칼럼의 유형

칼럼 작성 방식은 특별히 정해져 있지 않다. 하지만 칼럼을 작성할 때 칼럼니스트는 준수해야 할 나름대로 원칙과 기준이 있다. 그 원칙과 기준을 소개하면 다음과 같다.[21)]

첫째, 인과 관계를 규명하는 방식이다. 이런 칼럼의 형태는 사회현상에 대한 원인을 분석하고 이에 근거해 미래를 예측하거나 새로운 제안 즉 행동 지침을 제안하는데 초점을 둔다.

둘째, 비교 대조하는 방식이다. 이런 칼럼의 형태는 한 사건, 인물, 개념, 사회 운동 등을 잘 알려진 역사적 사실이나 외국의 사례를 들어 서로 비교 대조함으로써 독자들로 하여금 현안에 대해서 명확한 생각을 갖게끔 설득하는데 초점을 둔다.

셋째, 정의를 정립하는 방식이다. 이런 칼럼의 형태는 주제의 정의에 초점을 맞춘다. 즉 일어난 현상을 소개하고 이를 정확하게 정의해 줌으로써 독자들로 하여금 사회적 합의에 동조하게 함으로써 결과적으로 사회의 안정과 통합을 꾀하는데 기여한다.

넷째, 과정을 분석하는 방식이다. 이런 칼럼은 사회변화, 정책변화 등 다양한 현상을 분석하여 미래를 예측하고 바람직한 방향을 제시하는 방식이다. 이는 독자로 하여금 현상을 다양한 시각에서 이해하고 또 이를 기반으로 미래를 정확하게 예측하는데 기여한다.

다섯째, 기술하는 방식이다 이런 칼럼은 어떤 현상에 대하여 집필자의 의견이나 주장만을 내세우는 것이 아니라, 그 현상을 객관적으로 기술, 서술하여 독자들로 하여금 해당 사안을 정확하게 이해하여 공감을 이끌어내는데 주안점을 둔다. 독자 자신이 판단하고 결론을 내리는데 초점을 두는 방식이다. 이는 독자로 하여금 현상을 정확하고 객관적으로 이해할 수 있는 안목을 제공하는데 크게 기여한다.

여섯째, 질의응답 방식이다. 이런 칼럼은 필자가 질문을 던진 뒤에 이에 답하는 형식으로 자신의 견해를 밝히는 방법을 취한다.

일곱째, 유형 분류 방식이다. 이런 칼럼은 사회 현상, 사람들의 행동, 단체의 전략 등을 유형별로 분석해서 상세히 해설한다.

한편 김창룡은 작성의도에 따른 칼럼유형을 다음과 같이 소개한다.[22]

① 도발형(혹은 문제제기형)

이는 사회의제로 만드는데 목적을 둔 칼럼유형이다. 이는 이슈에 대한 근거나 확신이 있어야만 가능한 접근이다. 이는 찬반과 호불호가 극명하게 드러나는 접근법을 활용한다. 대체로 이러한 칼럼유형은 수용자들의 주목을 이끌어내는 데는 효과적이지만 내용이 사실과 다를 경우에는 칼럼 작성자가 상당한 부담을 안을 가능성이 있다. 이런 도발형은 자기주장이 강한 만큼 그 주장을 뒷받침할 만한 논리적 근거나 사례가 뒷받침돼야 한다. 그렇지 않으면 일방적인 주장으로 끝날 수 있다.

② 호소형

이는 딱딱한 전개방식이나 표현방식에서 벗어나 감성에 호소하는 방식으로 작성된 칼럼 유형이다. 이런 호소형은 주로 공공의 이익을 위해서 특정 공조직이나 공직자를 타깃으로 분명한 메시지를 전하고 싶을 때 사용하는 방법이다. 이때 글의 내용이 타당성과 설득력이 있어야 하며 논리력과 일관성이 수반되어야 할 것이다.

③ 여론조성형

언론은 '여론' 만들기의 중요한 역할을 수행한다. 이런 여론조성은 칼럼을 통해서 커다란 효과를 발휘할 수 있다. 특히 정치시즌이나 새로운 정책이나 법안이 마련된 시점, 혹은 대형 사건사고가 발생한 시점에서 이런 여론조성형 칼럼이 언론에서 더욱 더 등장할 수 있다.

④ 사회고발형

이것은 이미 보도된 단편적 사건에 사회적·역사적 의미를 부여하거나 과거의 유사한 사건을 연결시켜서 사회의 주요 의제로 발전시키는 역할을 수행하는 칼럼유형이다. 이런 칼럼니스트는 사회변화를 주도하는 오피니언 리더의 역할을 수행할 수 있다.

⑤ 보도비평형

기존 언론사가 보도한 기사나 칼럼, 사설에 대해 비평을 시도하는 유형이다. 대체로 미디어 비평으로 알려져 있다. 책임감 있고 정보의 질을 담보하여 건전한 언론문화를 구축하는데 기여하는 유형이다.

⑥ 대안제시형

현재 논란이 되고 있는 사안에 대해 나름대로 대안이나 해결책을 제시하는 형태를 말한다. 대안제시형은 가장 전문성을 담보하는 유형이다. 대안 제시는 보다 철저한 현 상황의 분석과 풍부한 사전지식, 관련 규정과 법률검토 등을 기반으로 해야 할 필요성이 있다.

유영철은 툴민(Toulmin)의 논증이론에 입각하여 다음의 칼럼 구성요건(주장, 근거, 보장, 반증)을 소개한 바 있다.[23)]

① 주장(claim)

주장은 칼럼니스트가 독자에게 제시하는 것으로써 여기에는 의견, 소신 생각, 방향, 주장, 판단, 제언, 충고, 반박, 촉구, 지시, 명령 등이 포함된다. 칼럼에 주장이 없는 경우도 있지만 대다수 칼럼은 주장을 포함하고 있으며, 흔히 의견을 담아내는 칼럼이 가장 일반적인 형태라고 할 수 있다.

② 근거(data)

근거는 신문칼럼의 기반이 된다. 근거가 없는 칼럼은 무의미할 수 있다. 근거는 주장의 타당성을 입증하는 진실과 사실에 바탕을 둔 진술이라고 할 수 있다. 여기에는 과학적인 연구를 통해 얻은 사실, 공식적인 통계자료, 현장목격자나 전문가의 진술 등이 포함된다.

③ 보장(warrant)

보장은 논증의 주장과 근거를 연결하는 것으로써 일반적인 가치관, 상식, 관념, 원리원칙 등 윤리적이고 법적이고 관습적인 측면으로 이루어진다. 칼럼에는 보장이 없는 경우도 간혹 있지만 이럴 경우 탄탄한 논증이 아니라 부실한 논증이 될 수 있다. 이에 따라 칼럼에는 가능한 한 보장의 요소가 담겨져야 할 것이다.

④ 반증(rebuttal)

반증은 흔히 반박이라는 개념으로 이해할 수 있는데 이는 자신의 주장과 상반되는 주장을 염두에 두고 해소하는 장치를 의미한다. 즉 이는 칼럼니스트의 자기검증의 영역이라고 할 수 있다. 칼럼은 어느 한쪽에 치우치지 않은 불편부당성을 담보해야 하며 중립성, 균형성, 다양성 등을 충족시켜야 할 것이다.

(4) 칼럼 쓰기 전략

① 호기심과 문제의식을 가져라

칼럼니스트가 되기 위해서는 매일 우리 주변에서 일어나는 많은 시사, 사회문제에 관심을 두어야 한다. 즉 예비 칼럼니스트들은 시사나 사회문제를 밋밋하게 접근하지 말고, “왜”라는 강한 호기심과 비판의식을 가지고 접근해야 한다. 예를 들면 어떤 문제가 발생했을 때, 예비 칼럼니스트들은 이런 일이 왜 일어났는가, 이것의 원인은 무엇인가, 이는 우리 사회나 관련 당사자들에게 어떤 영향을 미치는가, 이것의 해결방안은 무엇인가 등의 문제의식을 가져야 한다. 따라서 칼럼쓰기의 출발점은 바로 호기심과 문제의식을 갖는 것이다. 특히 사회문제를 비판적인 안목을 가지고 접근하는 자세가 무엇보다 중요하다.

② 소재개발에 많은 노력과 시간을 투자해라

칼럼의 소재는 다양하다. 주변의 모든 문제들이 글의 소재가 될 수 있다. 이는 일상생활에서 쉽게 찾아낼 수 있다. 우리가 만나는 모든 사람이 정보를 제공하는 채널이 된다. 또 우리가 수시로 접하는 언론이나 인터넷 매체도 이슈를 개발할 수 있도록 도와준다.

칼럼을 머리로만 쓰는 시대는 지났다. 칼럼은 많은 유용한 정보를 담아 낼 수 있어야 한다. 따라서 끈기를 갖고 관련 이슈와 정보들을 수집하는 것은 칼럼작성에 있어서 필수적인 일이다. 유용한 정보를 찾아내서 활용하는 능력에 의해 모든 것이 결정된다는 것을 예비 칼럼니스트들은 잊지 말아야 할 것이다. 예비 칼럼니스트는 정확하고 유용한 정보들을 찾아내서 비판적으로 분석하고 활용하는 방법을 훈련하는 것을 최우선 과제로 삼아야 할 것이다.

칼럼은 필자의 뚜렷한 주장이나 의견을 담아내야 한다. 따라서 칼럼의 소재가 사소한 것이거나 중요치 않다면 독자의 관심을 끌기 어려울 것이다. 이에 따라 예비 칼럼니스트들은 사회적 쟁점이나 현안 등에 대해 지속적인 관심을 할애해야 할 것이다.

③ 글쓰기 능력을 갖춰라

칼럼을 쓰기 위해서는 글쓰기 능력을 확보하고 있어야 한다. 글쓰기 능력은 자신의 피나는 노력과 훈련이 결정한다. 칼럼 쓰기 능력을 키우는 방법을 소개하면 다음과 같다.[24]

- 독서량을 늘려라. 책이나 소설, 저널을 읽는 시간을 더 만들어라.
- 많이 써라. 글은 풍부한 어휘력, 논리력, 표현력을 전제로 한다. 이런 능력은 직접 작성해보지 않으면 형성되지 않는다. 열심히 쓰고 또 쓰는 것이 글쓰기 능력 향상의 최선일 것이다.
- 메모장을 활용해라. 기억력에 의존하지 말고 메모장을 활용하여 생각나는 것, 만난 사람에 관한 모든 것, 아름다운 것, 문제가 되는 것 등 모든 것을 적어 놔라. 언젠가는 이를 활용할 것이다.
- 목적이 담긴 글쓰기를 시작해라. 동기와 목적을 가지고 글쓰기를 시작하는 것이 도움이 된다. 완성도를 높이는 역량을 키우는데 최선을 다해야 할 것이다.

④ 일정한 작성 틀에 맞추어 습작해라.

칼럼은 일정한 틀에 입각해서 작성되는 것이지 무작위적으로 만들어지는 것이 아니다. 그렇기 때문에 누구나 일정한 틀이나 관행에 익숙하지 않으면 좋은 언론 문장을 쓰기 어렵다.[25] 기자들은 기사를 쓰기 위해서 수년간 글쓰기 훈련과 요령을 배우는데 많은 시간과 노력을 들인다. 대체로 기자들은 입사초기부터 출입처를 드나들면서 취재 감각을 익히고 선배 기자들의 지도 속에서 기사작성법을 배운다. 이런 기사의 취재 및 작성과정을 체계적으로 배우지 않는다면 숙달된 기자가 되기 쉽지 않다.

칼럼니스트가 되고자 하는 사람은 칼럼 작성의 패턴을 익히는데 많은 시간과 노력을 투자해야 한다. 그것은 칼럼이 객관적인 사실을 바탕으로 주관적인 견해와 입장을 개진하는 글이기 때문이다. 칼럼니스트가 습작을 게을리하지 말아야 하는 이유도 바로 칼럼 패턴의 정형화 때문이다.

⑤ 다양한 채널을 통해서 활용자료를 입수해라

칼럼을 작성하는데 필요한 자료는 다양한 방법을 통해서 얻어낼 수 있다. 가장 쉽게 할 수 있는 방법은 기존의 언론매체나 인터넷 등 다양한 미디어를 수시로 점검하는 방법이다. 모든 신문사들은 유능한 칼럼니스트들이 집필하는 칼럼란을 운영한다. 칼럼란에 실리는 기사들은 해당 언론사내·외의 경험과 연륜이 풍부한 언론인이나 각계 전문가들이 작성한 것이다. 대다수 신문사는 우리들에게 인터넷 홈페이지를 통해서 온라인으로 칼럼을 비롯한 모든 기사를 제공한다.

여러 신문의 칼럼들을 읽으면서 많은 글쓰기의 영감을 얻을 수 있다. 흔히 '창작은 모방의 산물'이라고 한다. 여러분이 관심 있는 분야의 칼럼 혹은 칼럼니스트의 글을 자주 읽어보는 것도 좋다. 또 이들 가운데 마음에 드는 칼럼들을 이슈별, 작가별, 시점별로 정리해서 이를 스크랩하여 분석하는 것도 시도할 필요가 있다. 나아가 이들의 구조, 내용, 단어선택 등을 모방하여 새로운 글을 써보는 노력을 하는 것도 좋은 방법이다.

사회이슈를 진단하는 토론회나 공청회, 세미나에 참석하여 다양한 정보를 입수하고 이를 칼럼 작성에 활용해 보는 것도 필요한 작업이다. 여러분의 전공 분야에서 발표된 논문이나 연구보고서도 칼럼쓰기에 큰 도움을 줄 수 있을 것이다. 좋은 칼럼을 쓰기 위해서는 기존의 칼럼 패턴과 내용을 충분히 숙지한 후 이를 반복적으로 자신의 칼럼 작성에 활용해 보는 것이 무엇보다 중요한 노력 중의 하나이다. 칼럼니스트는 항상 사회현상을 잘 주시해야 한다. 국내외 신문이나 잡지, 방송, 인터넷 사이트에 담긴 새로운 이슈나 사건, 동향 등을 재빨리 수용하고 분석해서 이를 글쓰기 자원으로 활용해야 할 것이다

⑥ 통계자료를 적극 활용해라

공인된 조직에서 발표한 통계자료는 객관성을 확보하는데 필요한 중요한 근거가 된다. 일부 독자들은 칼럼니스트의 주장보다는 신뢰할 만한 조직의 공식 통계결과들을 더 신뢰할지 모른다. 칼럼을 쓰는 과정에서 관련된 현상을 파악하거나 원인을 규명하는데 이미 발표된 통계자료를 제시하면 독자들에게 자신의 주장을 설득력 있게 어필할 수 있다. 이 때 주의할 것은 신뢰할 만한 조직이 발표한 통계결과를 출처와 함께 인용해야 한다는 사실이다.

⑦ 글쓰기 3C원칙을 철저히 지켜라

대체로 언론계는 정확성(correct), 명확성(clear), 간결성(concise), 즉 3C의 원칙을 잘 지킨 기사를 잘 쓴 것이라고 평가한다. 즉 좋은 기사란 정확하게, 명확하게, 간결하게 쓴 글인 것이다.[26] 정확한 기사는 구체적이면서도 정확한 용어 및 단위를 사용한다. 명확한 기사는 문장의 앞뒤 또는 전체 흐름에서 애매한 해석을 유발하거나 상충된 내용을 다루지 않는다. 간결한 기사는 이해하기 쉽고 의미 전달을 명확하게 한다.[27]

글쓰기 솜씨가 좋은 사람은 태어나는 것도 아니며, 또 이런 글쓰기 원칙은 쉽게 터득되는 것도 아니다. 맛있는 음식을 만드는 사람은 음식 만

드는 재주를 갖고 태어나는 것이 아니라 맛있는 음식을 자주 먹어보는 노력, 실패를 거듭하면서 요리를 해보는 것 등과 같은 피나는 노력을 통해서 만들어지는 것이다.

칼럼니스트가 되는 것도 마찬가지다. 다른 사람이 쓴 많은 칼럼들을 수없이 읽는 것, 꾸준히 칼럼 작성법에 맞추어 습작해 보는 것, 시사와 사회문제에 대한 비판적 문제의식을 갖는 것 등의 조건을 갖추는 것이 필요하다.

글재주는 타고나는 부분도 있지만 후천적인 훈련과 노력을 통해서 발휘될 수 있다. 앞서 지적한 것처럼 칼럼 작성법에는 일정한 패턴이 있기 때문에 이러한 패턴을 익히는 것이 무엇보다 중요하다.

⑧ 칼럼 작성법의 기본원칙에 충실해라

고영신은 칼럼을 쓸 때 고려해야 할 기본원칙을 다음과 같이 제안했다.[28]

- 주제를 명확하게 선정해야 한다. 주제는 독자들에게 전달하고자 하는 핵심내용이며 칼럼의 목표이다. 주제가 명확하지 않으면 글의 전개가 일관성을 잃을 수 있다. 전개되는 내용과 주장이 모호하게 되어서 글 체계가 통일성, 일관성에서 이탈될 가능성이 크다.
- 전개 패턴을 분명하게 세분화해야 한다. 기승전결의 방식이든, 서론, 본론, 결론의 방식이든 적절한 논리 전개의 기법을 동원해서 이를 철저하게 지켜야 할 것이다. 칼럼은 사실을 토대로 시작하지만 끝 부분은 자신의 입장과 주장을 명쾌하게 드러내야 한다. 독자로 하여금 무슨 주장을 하는지, 강조하는 내용이 무엇인지를 모르겠다는 반응을 얻으면 안 된다.
- 정확한 표현을 해야 한다. 칼럼은 단어, 의미, 용어 선택에서 매우

명료하고 구체적이고 정확성을 기해야 한다. 애매모호한 단어를 사용한다거나 그 의미가 추상적이거나 복잡해서는 안 된다.

- 글은 설득력 혹은 호소력 있게 써야 한다. 좋은 언론기사는 설득력 혹은 호소력이 담긴 것이다. 독자들이 공감하고 동의하는 글이어야 한다. 그러기 위해서는 내용과 쓰기에 있어서 논리적 모순이 있어서는 안 된다. 이는 기사의 내용과 필자의 주장의 일관성과 일맥상통한 부분이다. 칼럼의 내용과 주장은 객관적인 사실에서 시작해야 할 것이다.
- 칼럼 문장은 간결해야 한다. 글을 압축해서 써야 하며 가능한 한 단문으로 표현해야 한다. 문장이 길면 지루하고 난해한 내용이 담겨질 가능성이 높다. 가능한 짧은 단문일수록 의미 전달이 더 명확해진다. 또 한 문장 안에 한 가지 사실만을 담아내는 것이 좋다.
- 글을 쉽게 써라. 대체로 신문 칼럼은 대중들이 읽는다. 대중은 익명적이며 이질적이며 그들의 관심사 또한 다양하다. 그렇기 때문에 쉬운 말로 글을 써서 전달해야 설득력이나 호소력을 갖게 된다.
- 칼럼 구성은 전체적으로 논리성을 잃지 않게 해야 하며 내용은 물 흐르듯이 매끄럽게 써내려가야 한다. 문장과 문장 그리고 문단과 문단 사이의 연결이 자연스러워야 한다. 논리적인 비약이나 편견적인 주장은 절대 독자의 공감을 얻기 어렵다는 사실을 인식해야 한다. 또 마침표를 찍을 때까지 맞춤법, 띄어쓰기가 잘 되어있는가를 점검해야 하며 표준어를 사용했는지 그리고 지명과 인명의 표시에서 오류가 없는지도 잘 살펴야 한다.

⑨ 제목을 매력적으로 뽑아라

칼럼의 제목을 잘 붙이는 것도 칼럼쓰기의 중요한 과제가 된다. 기사 제목은 '하나의 요약된 기사이고 압축된 사건의 기술'이라고 정의할 수 있다.[29] 따라서 칼럼제목은 칼럼내용을 전적으로 함축해야 한다.

칼럼의 제목은 독자의 관심을 끌어내는 결정적인 요인이기 때문에 더욱 매력적이어야 한다. '정보의 홍수' 속에 살고 있는 현대인에게서 진부한 제목의 칼럼으로 관심을 끈다는 것은 불가능하다. 현대인들은 아침에 눈을 뜨면서부터 스위치 하나로 공중파 방송이나 인터넷 신문 등의 엄청난 양의 뉴스와 정보를 접하기 때문에 더더욱 그렇다. 그렇기 때문에 독자들의 주목을 받을 수 있는 칼럼 제목을 선택하는 것이 칼럼작성의 중요한 과정이 될 수밖에 없다.

칼럼의 제목을 뽑을 때 고려할 점은 제목이 본문의 내용과 관련 있어야 할 것, 너무 거창하거나 현학적이지 않을 것, 독자의 시선을 잡아끌 만큼 인상적이어야 할 것 등이다.[30]

⑩ 소제목을 활용하라

칼럼의 전체 제목을 잘 붙이는 작업 못지않게 중요한 일은 칼럼의 소제목을 잘 활용하는 것이다. 소제목은 칼럼의 독이성을 높이는 기여를 할 수 있기 때문에 중요하다. 일부 독자들은 칼럼이란 시사나 사회문제를 비평하는 글이어서 내용이 난해하고 딱딱할 것이라는 편견을 갖고 있을 수 있다. 또 일부 독자들은 칼럼이란 국제경제나 금융문제 등과 같은 전문분야를 다루어서 지루할 수 있다고 판단하여 이를 멀리 할 수 있다. 이럴 경우 소제목을 적절하게 활용하면 독자의 독이성을 향상시킬 수 있을 뿐만 아니라 내용의 지루함을 완화시켜줄 수 있다.

제목이나 소제목은 반드시 칼럼 전체의 내용에 바탕을 두고 뽑는 것이 좋다. 소제목은 색인 기능을 하므로 전체 기사 내용을 정확하게 표현해야 한다. 그것이 어렵다면 가장 대표적인 특징을 지닌 함축적 단어로 뽑아내는 것이 좋다. 소제목 자체는 그 자체로 완결성을 갖추어야 한다. 소제목은 명사로 뽑지만 만약 동사가 활용될 경우는 피동형보다는 능동형을 사용하는 것이 좋다.

소제목은 독립된 단락마다 몇 개를 뽑아서 사용하는 것이 좋다. 각 단락은 서로 새로운 정보를 전달해야 한다. 소제목을 뽑을 때에 고려해야 할 점은 독자들에게 가장 강조하고 싶은 것이 무엇인지를 먼저 생각해야 한다는 점이다. 일부 독자들은 소제목만을 읽고 당신의 칼럼을 덮어버릴 수 있기 때문이다. 반면 신중하게 뽑아 사용한 소제목에 흥미를 느낀 독자들은 아마도 당신의 칼럼을 마지막까지 읽고 싶을 것이다.

소제목은 쉬운 표현을 사용하여 작성하는 것이 좋다. 기사 내용이 어렵다 할지라도 소제목은 누구나 이해할 수 있도록 쉽게 뽑아야 한다. 소제목에는 문어체보다는 구어체가 좋으며 간결하고 짧은 표현이 좋다.

⑪ 마무리 작업에 최선을 다해라

스트레이트 기사와 달리 칼럼은 마무리를 잘 완성해야 빛이 난다. 마무리 부분을 통해서 독자들에게 깊은 인상과 감명을 줄 수 있기 때문에 그렇다.[31)]

칼럼 마무리 부분에서는 전체적인 논지의 흐름에 맞게 자신의 입장을 명확하게 표명하는 것이 좋다. 결론은 짧고 강력한 문장으로 비수처럼 독자의 뇌리에 명확한 인식을 남겨야 위력을 발휘할 수 있다.[32)]

김숙현은 좋은 칼럼을 위한 마무리 기법을 다음과 같이 소개했다.[33)]

- 리드(머리글)와 유기적으로 연결한다. 즉 마무리를 머리글과 연결시켜 작성하면 전체적인 글의 일관성을 유지할 수 있으며 저자가 강조하는 내용이 부각될 수 있다.
- 마무리에 주장이나 제안을 담아낸다. 이 방법은 저자가 주장하려는

내용의 핵심을 압축하는 문장으로 끝을 장식하게 되면 독자들에게 강한 인상을 남길 수 있다.

- 의문형으로 마무리한다. 이는 일종의 반어법으로 강한 긍정이나 부정의 뜻을 내포하며 높은 설득력이나 호소력을 얻어낼 수 있다.
- 마무리에 인용문을 제시한다. 이 방법은 자신의 주장이나 의견을 대변할 만한 명구나 유명인사의 어록 등을 인용함으로써 자신의 주장이나 제언에 대한 독자의 신뢰감을 확보할 수 있다.
- 가정이나 추측 기법을 활용한다. 가정이나 추측을 활용하면 글이 여운을 남기게 되거나 혹은 필자 자신의 주장이나 의견을 직설적으로 펴기 보다는 완곡하게 제시하여 설득력을 높일 수 있다
- 말줄임표를 활용한다. 독자로 하여금 생각에 잠기게 하거나 글의 여운을 남기게 하기 위해서 사용하는 방법이다. 그 결과 독자에게 주는 감동을 극대화시킬 수 있다.

6 칼럼 읽기

01 스쿨존과 안전불감증

우리는 IT 영역에서는 세계적으로 선두를 달리고 있지만 '안전문제'에 있어서는 아직도 많이 뒤처져 있는 국가다. 예를 들면 2006년 한 해 동안 우리나라에서 10만 명당 60.6명이 안전사고로 사망했다. 이는 OECD 국가 중 헝가리 다음으로 높다. 또 우리나라에서 2010년의 경우 자동차 1만대 당 2.64명이 교통사고로 사망했다. 이것 역시 OECD 국가의 평균보다 2배나 높다.

정부는 2015년 1월부터 통학차량에 의한 아동들의 피해를 줄이기 위해 '세림이법'을 시행해 왔다. 그러나 이 법의 시행에도 불구하고 최근 4살 어린이가 통학버스에 의해서 또 사망하는 불행한 사고가 발생했다. 참 안타까운 일이다. 도로교통공단의 자료에 의하면 2013년에 발생한 어린이 교통사고 427건 가운데 사망사고가 무려 82건이나 된다고 한다. 이 중 52건은 교통법규의 맹점, 운전자의 안전 불감증 등과 무관치 않은 것이라고 한다. 사고예방을 위해서는 '세림이법' 이상의 근본적인 처방이 마련되어야 할 것 같다.

스쿨존 교통법규

문제해결의 열쇠는 교통법규에 대한 운전자의 준법의식을 고취하는 것에 있는 것 같다. 특히 스쿨존과 관련된 교통법규를 정비하고 이를 실천하도록 하는 것이 중요하다. 미국의 경우 스쿨버스가 멈추고 학생들이 내리고 탈 경우 뒤따르던 차량이나 반대 차선을 진행하는 차량은 반드시 정지해야 한다. 정지한 자동차들은 스쿨버스가 움직인 후에만 진행할 수 있다. 이를 위반할 경우 매우 엄하게 다스려진다. 또 운전자들은 '스쿨존'에서는 30Km 이하로 저속운전을 해야 한다. 속도위반을 할 경우 운전자는 엄청난 양의 범칙금을 내거나 사안에 따라 구속될 수도 있다.

지역별로 공용 스쿨버스를 운영하고 운전자들로 하여금 등하교와 관련된 안전을 책임지도록 하는 것도 생각해 볼 필요가 있다. 미국의 경우 학교당국은 매학기 거주지별로 버스노선을 배정하고 학부모에게 이용여부를 확인한다. 주마다 다르긴 하지만 특별한 경우를 제외하고는 도보통학은 금지된다. 학생이 학교로부터 반경 1.6Km 이내에 살거나 일정한 연령에 도달했을 때에만 도보통학이 허용된다. 도보통학이 허용되더라도 저학년의 경우에는 어른이 등하교에 동행해야 하고, 날씨가 아주 나쁠 때에는 학년에 관계없이 도보통학이 전면 금지된다.

또한 학교당국은 등하교 서비스를 제공함에 있어서도 안전을 우선적으로 고려해야 할 것이다. 미국의 경우 선생님은 부모와 같이 등교하는 학생들을 교문 앞에서 아침 인사와 함께 악수로 맞이한다. 이들은 수업이 시작되면 현관문을 잠그고 방문자는 허가를 받아야만 건물에 진입할 수 있도록 관리한다. 수업이 끝난 후 이루어지는 하교도 엄격한 안전수칙에 따라 진행된다. 한 사립학교의 경우 수업이 끝나면 학생들을 강당에 모아두고 거기에서 부모를 만나도록 한다. 부모의 자동차가 강당 앞에 진입하면 직원은 해당 학생의 이름을 호명해서 부모에게 인계한다. 부모의 자동차에 승차하는 것까지 확인하는 것이 그의 몫이다. 미국의 초중고공립학교의 경우도 학생들의 안전한 귀가에 최선을 다한다.

운전자의 준법의식 강화

교내의 주·정차와 관련된 규정도 대폭적으로 정비할 필요가 있다. 이러한 규정이 필요한 이유는 학교 안으로 들어오는 차량의 수가 늘고 있기 때문이다. 미국의 경우 이러한 규정도 잘 마련해 두고 있다. 예를 들면 자동차가 건물 입구부터 줄을 설 경우 운전자들은 자신의 차례가 올 때까지 기다린다. 정해진 지점으로 진행해서 아이들을 승하차시키도록 하고 있다. 차를 아무데나 대충 세우고 아이들을 내려주거나 태우지 못하게 한다. 규정을 위반하는 운전자들이 거의 없지만 그래도 교통경찰이 승하차 지점에 상주하면서 안전한 주·정차를 돕는다. 교내에서 일어날 수 있는 예기치 못한 사고를 방지하기 위한 것이다.

정부는 모범사례들의 교훈을 거울삼아 관련법규를 정비하고 운전자의 준법의식을 고취하는데 많은 관심을 기울여야 할 것이다. 국민들도 정부의 노력에 적극적으로 동참해야 할 것이다. 아이들이 안심하고 뛰어 놀 수 있는 공간을 만들어 주는 것이 우리의 책임이라는 것을 잊지 말아야 할 것이다.

02 취업과 성형광풍

우리나라의 성형수술은 양적인 측면에서 보면 세계 최고의 수준이다. 2011년 우리의 성형인구 수는 인구 1000명당 13.5명으로 세계에서 가장 높은 것으로 기록됐다. 성형수술에 소요되는 비용도 상상을 초월하는 금액이다. 2011년 한 해 동안 우리는 약 5조 원을 성형수술에 지불했는데, 이는 세계 전체 성형시장의 약 4분의 1에 해당한다.

해외 언론은 한국의 성형산업을 주목하고 이를 집중보도하고 있다. 국내 성형산업을 경제발전과 K-팝의 세계화가 낳은 '문화현상'이라고 평가하는 우호적인 언론도 있지만, 성과 위주의 산업구조, 외모 우선주의가 만들어낸 것이라는 부정적인 평가를 내놓는 언론도 있다. 영국의 BBC는 한국의 성형열기를 "성형광풍"으로 비유했고 USA투데이도 "한국 배우와 가수 등 대다수 연예인이 성형수술을 했으며, 성형고객 대부분은 좋아하는 스타가 한 (성형)수술 받기를 원한다"고 냉소적인 보도를 내보냈다. 뉴욕타임스도 "한국의 성형광풍, 동양의 미(美)가 사라지고 있다"는 기사를 통해 한국의 성형문화를 부정적으로 평가했다. 최근에는 국제올림픽위원회(IOC)의 올림픽선수 허브사이트가 "한국 여성 5명 중 1명은 성형수술을 받았다"는 글을 통해 한국의 성형문화를 비아냥댔다.

외모지상주의의 산물

한국의 성형 붐은 특정 연령대나 직업군에 국한된 것이 아니라 남녀노소 전 계층에서 무차별적으로 나타난다는 특성을 보인다. 직장인들은 일하는데 필요하다는 이유를 내세워 성형수술을 받는다. 부모들은 자녀에게 쌍꺼풀수술이나 콧대수술을 생일이나 입학선물로 준비한다. 노·장년층을 위한 성형수술이벤트 상품도 최고의 효도선물로 팔린다. 황금연휴 기간에 유명 성형외과는 미혼의 직장인들로 문전성시를 이룬다는 것은 어제 오늘의 이야기가 아니다.

물론 성형수술을 부정적으로만 볼 것은 아니다. 몸에 문제가 있는 사람이 수술을 통해서 이를 바꿔 열등감에서 벗어날 수 있다면 이 수술은 불가피한 것일 수 있다. 성형수술이 개인의 삶의 질을 향상시키는데 기여하는 것이기 때문에 우리는 이를 적극적으로 권장해야 마땅할 것이다.

최근 우리 사회에서 성형수술은 교정보다는 인위적인 외모생산의 목적을 가지고 시도되기 시작했다. 특히 특정한 외모를 만들기 위해 수술대에 오르는 사람의 수가 많아지면서부터 교정의 의미는 설 자리를 잃게 되었다. 그러면서부터 성형수술은 이런저런 문제 특히 외모지상주의와 이에 편승한 의료산업의 번창 등과 같은 사회문제를 유발했다.

안타까운 것은 외모가 취업가능성을 높인다는 이유로 구직자들이 단지 취업의 필요에 의해 수술대에 오르고 있다는 점이다. 한 취업 포털 사이트 보고에 의하면 성형수술은 대학생들이 갖추어야 할 스펙의 중요한 항목이 되었다. 우리 사회에 만연하는 외모지상주의가 젊은이들을 수술대로 몰아세운 것 같아 마음이 무겁기 그지없다.

더 심각한 것은 일부 의료인들이 구직자의 절박한 상황을 이용해서 돈벌이를 극대화하고 있다는 점이다. 예를 들면 특정 직종의 취업에 유리한 맞춤형 얼굴을 이미지화한 '취업성형' 상품을 개발함으로써 이들은 결과적으로 성형수술을 부추기고 있다. 외모를 중시하는 사회분위기를 이용해서 돈을 챙기겠다는 비뚤어진 의료인의 이런 행위는 사회적인 질타를 면치 못할 것이다.

건전한 성형문화

성형수술이 확산되면서 성형수술을 받다가 목숨을 잃거나 일상생활이 어려울 만큼의 부작용을 경험한 사람의 수가 급증하고 있다. 특히 최근에는 중국인 관광객을 대상으로 발생한 성형의료사고가 급증하면서 양국간의 분쟁으로까지 비화할 조짐을 보이고 있다. 한 자료에 의하면 성형의료분쟁이 매년 10~15% 증가하고 있지만 사고로 인한 개인적·사회적·육체적 폐해 등은 거의 사회적으로 관심을 받지 못하고 있다고 한다.

성형수술과 관련된 논란과 갈등이 끊이질 않자 최근 의료계와 정부는 이에 대한 대책마련에 나서기 시작했다. 특히 유령의사, 가격덤핑, 불법브로커, 과장광고 등에 적극적으로 대응하겠다는 강력한 의지를 표명했다. 성형의료계는 10개 조항의 윤리지침을 마련하여 문제가 없는 성형문화를 만들겠다는 자구책을 내놓았고 정부는 성형의료 환자의 안전을 위한 법적 장치를 마련하겠다고 발표한 바 있다. 이러한 의료계와 정부의 대책이 일회성 선언이 아니라 진정성이 있는 것이기를 바란다.

의료인의 윤리가 확립되고 법체계가 정비되면 우리 사회의 해악인 외모중시 풍조와 성형광풍이 사라지게 될 것이기 때문에 의료계가 선언한 자정노력과 정부의 대책마련에 기대하는 바가 크다.

03 10대 자살과 학업 스트레스

최근 발생한 10대 자살사건들이 우리 사회에 큰 충격을 주고 있다. 한 중학생은 학교폭력 때문에 투신을 했고 한 고등학생은 수능점수를 비관하여 목을 맸다. 매일 한 명꼴로 어린 청소년들이 목숨을 끊고 있어서 10대 자녀를 둔 부모들은 하루도 맘 편히 지낼 수 없는 형편이다.

물론 청소년 자살이 우리만의 현상은 아니다. 미국을 비롯한 서구에서도 적지 않은 수의 10대들이 이런저런 이유로 자살을 한다. 문제는 우리나라 청소년의 자살률이 OECD 국가의 평균치를 훨씬 웃돌고 있으며 매년 빠른 속도로 증가하고 있다는 점이다. 청소년 사망 가운데 자살이 차지하는 비중이 2000년에는 13.6%였으나 불과 10년이 지난 2011년에는 36.9%로 23% 이상 급증했다. 2014년에는 자살이 10대의 사망원인 가운데 1위로 기록되고 있다. 참 안타까운 일이다.

자살충동의 확대

더 걱정이 되는 것은 청소년들이 충동적으로 자살을 한다는 것이다. 한 자료에 의하면 우리나라 국민 중 10대 청소년들이 자살충동을 가장 많이 느꼈다고 한다. 또한 전체 청소년들 가운데 11.2%가 최근 1년 동안 자살을 한번이라도 생각해본 적이 있다고 한다.

청소년 자살이 심각한 사회문제로 부각되면서 전문가들은 자살의 원인을 철저하게 규명해서 이를 예방할 수 있는 정책을 마련하는 것이 시급하다고 주장한다. 이들의 주장이 사회적으로 공감을 불러오고, 이런 저런 대책들이 마련되고 있어서 그나마 다행이다.

청소년 자살의 원인에는 가정불화, 이성문제 등도 있지만 가장 중요한 것은 바로 성적이나 입시와 관련한 것이다. 10대 중 절반 이상(53.4%)이 "성적·진학문제로 자살충동을 느껴봤다"고 대답한 조사결과는 이들이 얼마나 많은 학업 스트레스에 시달리는지를 단적으로 보여준다.

일부대학, 특목고, 자율형 사립고 등이 줄 세우기를 지속하는 한 청소년들의 학업 스트레스와 그 부작용은 계속 늘어날 것 같다. 실제 지난해에는 부산지역 자율형 사립고의 우등생이었던 고등학생이 투신자살했다. 그 이유는 '학업으로 인한 극심한 스트레스' 때문이었다. 또 서울 강남의 명문고생도 모의고사 성적을 비관하여 학교 옥상에서 자살소동을 벌이기도 했다.

극심한 학업 스트레스

더욱 심각한 것은 학업 스트레스가 점차 저학년으로 확산되고 있다는 점이다. 사교육을 통한 선행학습이 일반화되면서 이제는 초등학생조차도 학업 스트레스에서 자유롭지 못하다. 전국교직원노동조합 산하 참교육연구소가 초등학교 5~6학년생들을 대상으로 실시한 조사에 따르면 초등학생들의 스트레스 원인의 1위는 학원, 2위는 성적이었다.

이렇듯 10대 자살은 개인의 문제가 아니라 입시위주의 교육체계라는 구조적 문제가 낳은 부작용이다. 최근 지자체를 비롯한 교육단체들이 자살예방프로그램을 운영하여 청소년 자살문제를 해결하는데 적극적이다.

정부도 이에 가세하여 종합대책을 마련하여 10대의 자살을 막는데 힘을 더하고 있다.

하지만 전문가들은 기존의 교육제도의 틀 속에서는 '인성교육을 통한 자살예방'이 실효성을 거둘 수 없다고 비판한다. 이런 측면에서 보면 우리의 성적지상주의, 입시위주 교육환경, 대학을 서열화하는 사회적 분위기 등이 바뀌지 않는 한 어떤 교육대책도 제한적인 효과밖에 얻을 수 없을 것이다.

따라서 학부모의 교육관 변화가 선행되어야 할 것이다. 학부모가 먼저 '공부를 잘하는 것'을 최고로 생각하는 가치관을 변화시켜야만 자녀들은 학업 스트레스에서 자유로워질 수 있을 것이다. 이와 관련해서 미국의 사례는 우리에게 교훈을 준다.

미국의 학부모들은 공부를 여러 선택 가운데 하나로 열어둔다. 그렇기 때문에 부모는 자녀를 공부에 매달리도록 밀어내지 않는다. 부모가 이렇게 자녀교육을 접근하기 때문에 자녀들은 스스로 의지와 관심에 따라 공부를 선택하기도 하고 다른 대안을 찾기도 한다. 그 결과 공부를 선택한 청소년은 공부에 최선을 다하지만 그렇지 않은 아이들은 공부에 매달리지 않는다. 그렇기 때문에 이들은 공부로 인한 학업 스트레스를 거의 느끼지 않는다. 공부를 열심히 하는 사람은 그것을 좋아서 하기 때문에, 또 공부에 매달리지 않는 사람은 공부보다 더 중요한 것을 하기 때문에 스트레스를 받을 이유가 없는 것이다. 미국에서 학업 스트레스로 인한 청소년 자살이 거의 발생하지 않는 이유는 바로 이러한 사회적 분위기와 무관치 않다.

청소년 자살이 학업 스트레스, 기성세대의 교육관 등과 밀접하게 관련되어 있다는 점은 청소년 자살방지 대책을 단편적으로 보다는 종합적으로 마련해야 한다는 것을 시사한다. 관련기관에서 주관하는 현행 자살 방지 프로그램들의 내실화를 꾀하는 한편 청소년들이 학업 스트레스에서 벗어날 수 있는 제도적 장치를 마련해야 할 것이다. 하지만 더 중요한 것은 기성세대가 공부 이외의 다양한 잣대로 청소년들의 능력과 자질을 평가하고 가치를 인정해 주는 사회적 분위기를 만드는 것이다. 조만간 많은 학부모들이 이런 교육관 혁신에 적극 참여하기를 기대한다.

어린이와 청소년 관련 '인권보도준칙'

1. 언론은 어린이와 청소년을 어른과 동등한 인격체로 인식하는 자세를 갖는다.
가. 어린이와 청소년이 어리다는 이유로 그들의 권리를 무시하지 않는다.
나. 따돌림, 학교폭력, 체벌, 인터넷 중독 등을 다룰 때 어린이와 청소년의 입장을 고려한다.

2. 언론은 어린이와 청소년의 안전에 미칠 영향에 대해 세심하게 배려한다.
가. 어린이와 청소년에게 충격을 줄 우려가 있는 선정적·폭력적 묘사를 자제한다.
나. 주변의 도움이나 후원을 받는 경우 얼굴, 설명 등 신상 정보가 공개되지 않도록 주의한다.
다. 범죄 사건을 재연할 경우 아동을 출연시키지 않는다.
라. 피해자의 2차 피해를 막기 위해 익명성을 보장하고 피해상황과 관련된 사진과 영상은 원칙적으로 공개하지 않는다.

(한국기자협회·국가인권위원회 제정)

〈출처〉 한국언론진흥재단(2014). 언론인이 알아야 할 취재보도 가이드

04 가정폭력과 그 비극

얼마 전 강남에서 발생한 남편살해 사건을 계기로 가정폭력에 관한 뉴스가 언론을 달구고 있다. 사건 당사자가 '부의 상징'인 타워팰리스에 살고 있는 수백억대 재력가였기 때문에 더 많은 사람들이 이 사건에 대하여 특별한 관심을 보였다. 특히 이들의 사회경제적 위치가 월등했기 때문에 무슨 특별한 이유라도 있지 않을까 해서 사람들이 주목했던 것이다. 이 사건에도 우리가 상상했던 것과 같은 그런 특별한 이유는 없었다. 보도에 의하면 아내는 30여 년 동안 남편의 폭력에 시달려 왔고, 그 폭력에서 벗어나기 위한 극단적인 방법으로 남편을 살해했다고 한다.

우리 사회의 부부간 살인사건 건수는 심각한 수준에 이르고 있다. 2011년의 경우 부부간 살인사건으로 최소한 79명의 남편과 아내가 목숨을 잃었다. 이는 2010년의 69명보다 10명이나 증가한 것이다. 이러한 불행의 대부분은 직·간접적으로 가정폭력과 관련이 있는 것이라서 이를 접하는 이들의 입맛을 씁쓸하게 만든다.

이번 정부는 출범 당시 가정폭력을 국민안전을 저해하는 4대악 가운데 하나로 꼽으면서 이를 척결하겠다는 의지를 보인 바 있다. 하지만 가정폭력 발생 건수는 해를 거듭할수록 증가하고 있다. 최근 3년간 가정폭력 발생 건수를 보면 2011년 6,848건, 2012년 8,762건, 2013년 1만6,785

건이다. 올해도 가정폭력이 1만7,000여 건으로 더 늘어날 것이라고 한다. 가정폭력에서 가장 높은 건수를 차지하는 것은 아내를 대상으로 한 폭력으로, 이는 전체의 70.1%(1만1,759건)에 해당한다.

가정폭력은 보통 일상적으로, 상습적으로 이루어지는 것으로 알려져 있다. 여성가족부(2010)에 따르면 기혼 남녀 2,659명 가운데 약 53.8%(1550명)이 최근 1년간 가정폭력을 겪었다고 한다. 부부 두 쌍 중 한 쌍이 피해를 본 셈이다. 피해 아내들은 주로 30대~40대(65%)에 집중되어 있지만, 최근에는 노년층에서 발생하는 빈도도 늘어나고 있다. 가정법률상담소(2013)자료에 의하면 65세 이상의 노인 10명 가운데 3명이 가정폭력을 경험했으며 이 가운데 일부는 황혼이혼을 선택했다.

폭력남편의 증가세

가정폭력이 증가하다 보니 그 강도와 수법이 잔인해지고 있다. 전기고문, 흉기활용 등 보통사람들이 상상할 수 없는 가정폭력이 늘고 있다. 문제는 우리가 이렇게 심각한 가정폭력을 사회문제가 아니라 사적인 문제로 이해한다는 점이다. 아내들조차도 이를 숨기는데 급급해한다. 실제로 남편의 폭력을 경험한 아내 가운데 단지 8.3%(2010년)만이 경찰에 신고하고 있다. 또 폭력을 저지르는 남편에 대한 사회적 인식이나 대응 역시 소극적이다. 부부간 폭력사건이 신고한다고 하더라도 이에 대한 사법처리는 쉽게 이루어지지 않는다. 폭력남편이 실질적으로 처벌되는 경우가 극소수라는 점이 이를 확인해 준다. 경찰청(2009~2012.6월)자료에 따르면 가정폭력 건수(2만8857건) 가운데 경찰이 가정폭력 범죄자를 구속한 경우는 겨우 0.8%에 불과하다고 한다.

가정폭력은 구성원 모두에게 신체적으로나 정신적으로 불행한 결과를 초래한다. 폭력을 당한 아내는 무기력증, 우울증, 대인 공포증 등과 같은 심리적 불안감에 빠져 정상적인 생활을 하기가 어렵다. 그 결과 이들은 가출하거나 이혼을 선택하기도 한다. 더 심각한 것은 가정폭력을 견디지 못한 아내가 남편을 살해하거나 자살을 하는 상황이다. 남편 폭력은 또 다른 사회문제나 범죄의 원인이 되는 셈이다.

또한 가정폭력은 가정파괴나 가족해체의 직접적인 원인이 될 뿐만 아니라 자녀들을 피해자로 만들기도 한다. 예를 들면 남편의 폭력행위는 자녀의 아버지에 대한 증오감을 유발하여 부모·자식 간의 관계를 단절시키는 요인이 된다.

가정폭력의 인식변화

가정폭력이 '자기들끼리 지지고 볶는 일'로 이해되는 한 이는 쉽게 사라지지 않을 것이다. 가정폭력의 희생자를 줄이기 위해서 지금 우리에게 가장 시급한 것은 가정폭력에 대한 인식을 바꾸는 것이다. 특히 가정폭력을 감추거나 알고도 모른척하는 태도에서 벗어나는 것이 필요하다. 폭력을 경험하는 아내들은 피해 사실을 주변에 적극적으로 알리고 이를 신고해야 한다. 또한 국가도 가정폭력을 사적문제로 돌리지 말고 적극적으로 개입해야 한다. 우리 모두는 가정폭력을 가정 밖에서 발생하는 다른 폭력과 같이 적극적으로 대처해야 한다. 이런 극적인 인식의 전환이 있을 때에만 가정은 구성원 모두에게 진정한 안식처가 될 수 있을 것이다.

인격권 관련 '인권보도준칙'

1. 언론은 개인의 인격권(명예, 프라이버시권, 초상권, 음성권, 성명권)을 부당하게 침해하지 않는다.
   가. 공인'이 아닌 개인의 얼굴, 성명 등 신상정보와 병명, 가족관계 등 사생활에 속하는 사항을 공개하려면 원칙적으로 당사자의 동의를 받아야한다.
   나. 공인'의 초상이나 성명, 프라이버시는 보도 내용과 관련이 없으면 사용하지 않는다.
   다. 취재과정에서 인격권 침해와 개인 정보 유출이 일어나지 않도록 주의한다.
   라. 망자와 유가족의 인격권을 침해하지 않는다.
   마. 자살예방을 위해 가급적 자살사건을 보도하지 않으며, 보도가 불가피한 경우에는 자실을 미화·합리화하거나 실행방법을 묘사하지 않는다.
   바. 인용이나 인터뷰를 이용하여 인격권을 침해하거 차별을 조장하지 않는다.

2. 언론은 범죄 사건의 경우 헌법 제 27조의 무죄추정의 원칙, 공정한 재판을 받을 권리 등 국민의 기본권을 침해하지 않도록 주의한다.
   가. 수사나 재판중인 사건을 다룰 때 단정적인 표현을 사용하지 않는다.

나. 용의자. 피의자, 피고인 및 피해자, 제보자, 고소·고발인의 얼굴, 성명 등 신상정보는 원칙적으로 밝히지 않는다.

다. 유죄 판결을 받은 경우에도 범죄자의 얼굴, 성명 등 신상 정보 공개에 신중을 기한다.

라. 피해자의 2차 피해를 막기 위해 범죄 행위를 자세히 묘사하지 않는다.

마. 성폭력 피해자의 익명성을 보장하고 피해 상황을 설명할 때는 신중을 가해야 하며, 특히 피해자의 상처를 사진이나 영상으로 촬영, 공개하지 않는다.

바. 범죄 발생의 원인이 피해자 측에 있는 것처럼 묘사하지 않는다.

사. 사건에 대한 사회 구조적인 문제점을 진단하고 인권 친화적인 방향으로 정책 변경과 제도 개선이 이뤄지도록 노력한다.

(한국기자협회·국가인권위원회 제정)

〈출처〉 한국언론진흥재단(2014). 언론인이 알아야 할 취재보도 가이드

05 사교육 대리모

신종 교육전문가인 '사교육 대리모'가 사람들 사이에서 화제가 되고 있다. '사교육 대리모'는 국내 특목고나 명문대, 미국 명문 기숙사학교나 아이비리그에 자식을 진학시킨 여성들 가운데 부잣집에 고용되어 연봉 1억 이상을 받고 그 집 자녀의 교육을 책임지는 사람을 말한다. '사교육 대리모'는 우리 사회에 팽배한 학벌 지상주의가 만들어낸 어처구니없는 현상이다.

〈채널A〉는 "…SKY大 책임져요" 강남에 억대 '입시 대리모' 현주소라는 프로그램을 통해서 이것의 사회적 폐해를 파헤쳤다. tvN 시사토크쇼 〈쿨까당〉도 강남 사교육 실태를 고발한 바 있다. 그럼에도 불구하고 이에 아랑곳 하지 않고 일부 부자들은 여전히 '입시 대리모'를 구하느라고 여기저기 알아보기 바쁘다고 한다.

또 일부 방송사는 이러한 현상을 이용하여 상업적인 이득을 취하고 있다고 한다. 닐슨 코리아 조사(2014)에 의하면 MBC는 '사교육 대리모'를 주인공으로 내세운 드라마 〈마마〉를 방영하여 높은 시청률(17.8%)을 얻었다. 뒷맛이 개운치 않은 이야기들이다.

통계청(2013)에 따르면 우리 사회의 사교육비 총액은 18조6000억 원인데 이는 1인당 월 평균 23만여 원에 해당한다. 비공식적으로 지출되는 금액까지 합하면 사교육비 규모는 엄청날 것 같다. 필자의 지인도 두 자녀의 사교육비로 매월 200만 원 가량을 지출하고 있다. 그 사람 봉급의 약 40%에 해당하는 금액이다. 하지만 그는 이 금액으로는 충분한 사교육을 할 수 없다고 한다. 또 그는 지불능력만 되면 자녀를 위해 더 많은 돈을 사교육을 위해 지출하겠다고 한다. 이를 통해 알 수 있는 것처럼 자녀의 사교육비는 가계소득과 비례하는 것 같다.

부모가 사교육에 이처럼 돈을 아끼지 않는 것은 사교육으로 자녀의 성공을 살 수 있다고 믿기 때문이다. 이런 믿음이 계속되는 한 사교육비 지출은 좀처럼 줄어들기 어려울 것 같다. 최근 한국을 방문한 토마스 피케티(Thomas Piketty) 교수는 "한국은 경제협력개발기구(OECD) 회원국 중 사교육비 지출이 가장 높은 국가 중 하나"라고 지적하면서 과다한 지출을 경고한 바 있다.

부의 대물림 수단

전문가들은 '사교육 대리모'는 비정상적인 교육경쟁을 유발하고 가계부담을 가중시켜 빈부격차를 고착화시킬 수 있다고 지적한다. 즉 교육이 더 이상 계층 이동의 사다리가 아니라 부의 대물림 수단이 된다는 것이다. 이런 주장은 최근 특목고나 명문대학 진학률이 사교육과 비례한다는 사실을 통해 입증되고 있다. 최근 서울대 신입생의 88.7%가 사교육 유경험자라고 한다.

더 심각한 것은 사교육이 점차 저연령대로 확산된다는 점이다. 3세부터 취학전 유아의 71%가 사교육에 참여한 것으로 집계되었는데 이 수치는 고등학생의 사교육 비율보다 높은 것이다.

물론 미국 부모들도 우리 못지않게 자녀교육에 관심을 쏟는다. 한국과 마찬가지로 미국에서도 학군이 집값을 결정한다. 명문 공립학교를 갈 수 있는 지역의 집이 특히 비싸다. 하지만 자녀를 둔 부모는 기꺼이 더 많은 돈을 집값으로 지불하고 이 지역을 선택한다. 또 부모들은 세금을 더 내야 하는 것도 기꺼이 수용한다. 그 이유는 그 세금으로 지역의 도서관이나 학교의 발전, 학생들의 다양한 활동을 지원할 수 있기 때문이다. 다시 말해 부모들은 비싼 세금으로 자녀의 안전과 양질의 교육을 산다.

하지만 미국 부모들은 몇 가지 점에서 한국부모들과는 다르다.

첫째, 미국 부모들은 전반적으로 공교육을 신뢰한다. 사교육은 주로 예체능과목에 한정한다. 유명 사립중고교나 아이비리그 진학을 꿈꾸는 부모들의 경우도 마찬가지로 공교육에 무한한 신뢰를 보낸다.

둘째, 미국 부모들은 차등교육을 수용한다. 자녀의 학습능력이 떨어지면 자녀에게 학교가 제공하는 방과 후 지도를 통해서 부족한 부분을 보충하도록 한다. 공부를 잘하면 자녀에게 특정과목에 한해서 운영되는 우월반에서 실력을 향상시키도록 한다. 또 학교는 주요 과목의 AP(Advanced Placement)반을 운영함으로써 학생들이 유명대학 입시에 대비할 수 있도록 한다. 즉 부모들은 집단별·개인별 차등교육을 통해서 학생들의 학습능력을 향상시키는 것을 수용한다.

셋째, 미국 부모들은 도서관을 적극적으로 활용할 수 있도록 자녀를 지도한다. 미국 중고등학교의 도서관에서는 과학, 수학, 영어 등 주요과목의 교사들이 항상 학생들과 함께 자리를 지킨다. 이들은 도서관을 이용하는 학생들을 관리하는 것도 하지만 동시에 학생들의 친절한 보충 지도 교사가 되어준다. 학생들은 공부하다가 특정 과목과 관련된 어려움이 생기면 해당 교사를 찾아가 도움을 청한다.

사교육은 학벌주의의 산물

미국 학교교육은 학생들의 학습능력을 높이는데 온라인 시스템을 적극적으로 활용하고 있다. 중고등 학생들은 매일 한 과목 이상(경우에 따라서는 2~3개 과목)의 퀴즈나 테스트를 치르고 또 관련 과제를 제출한다. 교사들은 매일 이들을 즉시 평가하여 부모들에게 온라인으로 그 결과를 제공한다. 학생이나 부모는 학교교육에서 수행하는 모든 학습과정을 온라인으로 실시간 확인해서 이에 즉각적으로 대응할 수 있다.

'사교육 대리모' 현상은 학벌지상주의와 천민자본주의가 만들어낸 어처구니없는 결과물이다. 이러한 왜곡을 해소하기 위해서는 무엇보다 공교육의 정상화가 시급하다. 교육당국은 공공교육에 대한 과감한 투자가 필요하다고 지적한 피케티 교수의 주장에 관심을 쏟아야 할 것이다.

06 드라마 〈뻐꾸기 둥지〉와 대리모

최근 드라마 〈뻐꾸기 둥지〉(KBS2-TV)가 폭발적인 인기를 얻었다. 대리모의 복수를 소재로 만들어진 이 드라마는 '닐슨 코리아'의 종합시청률(2014.8)에서 3위(14.8%)를 기록했다. 〈뻐꾸기 둥지〉가 이처럼 높은 시청률을 기록한 것은 불륜, 혼전임신, 고부갈등 등과 같은 막장드라마의 소재뿐만 아니라 '대리모'라는 파격적인 사회적 이슈를 소재로 삼았기 때문일 것이다.

물론 대리모 문제를 다룬 것은 이 드라마가 처음은 아니다. 지난 2009년 SBS가 방송했던 드라마 〈천만번 사랑해〉도 불임과 대리모의 출산을 조명하여 30%에 육박한 시청률을 얻은 바 있다. 이 드라마는 우리 역사상 처음으로 불가리아(Diema F채널)에 수출이 되어 세간의 화제를 모으기도 했다. 〈천만번 사랑해〉는 우리 주변에서 음성적으로 이루어지는 대리모 출산을 사회적으로 공론화시켰을 뿐만 아니라 사회문제로 인식시키는 데에도 크게 기여했다. 이런 열기를 몰아 대리모를 소재로 서너 편의 영화가 제작됐다. 특히 윤여향 감독의 영화 〈윤희〉는 대리모가 된 탈북여성의 삶을 심도 있게 다루어 사회적 약자에 대한 관객의 공감을 얻어냈다.

대리모 출산의 사회적 폐해

드라마가 아닌 현실 세계에서도 '대리모'와 관련한 사건들은 종종 핫 이슈가 되곤 한다. 최근 벌어진 호주인 부모와 태국인 대리모 사이의 갈등이 바로 그것이다. 보도된 바에 의하면 호주인 부부는 태국 의료기관의 주선으로 태국여성 찬부아에게 1만4천900달러(1천546만 원)를 주고 대리출산을 부탁했다. 찬부아는 두 자녀의 교육비를 마련하고 빚을 갚을 생각으로 대리모 제안을 받아들였다. 찬부아는 대리출산을 통해 아들 딸 쌍둥이를 낳았는데 아들이 다운증후 증세를 보이자 호주인 부모는 딸만 거두고 아들은 외면했다. 이 사연이 국제 사회에 알려지면서 호주인 부모는 비난의 대상이 됐고 국외 원정 대리모 출산의 폐해가 여론의 도마위에 올랐다. 2014년 8월 태국 정부는 상업적인 대리모 출산 금지 법안을 통과시켰으며 호주 정부 역시 국외 원정을 통한 대리모 출산을 금지하는 법안을 검토하고 있다고 밝힌 바 있다.

대리모 출산은 지구촌 여기저기에서 여러 이유로 이루어지고 있다. 하지만 이중 순수한 불임을 이유로 이루어진 대리모 출산은 전체의 절반도 되지 않는다고 한다. 나머지는 불임과는 전혀 무관한 이유에서 이루어진다고 한다. 예를 들면 할리우드 여성들은 날씬한 몸매를 유지하기 위해서, 남아선호사상에 함몰된 아시아 남성들은 아들을 낳기 위해서 대리모를 고용한다. 어떤 사람들은 자녀를 이용해서 미국 시민권을 얻을 목적으로 미국인 대리모를 고용하고, 또 다른 사람들은 예쁘고 머리 좋은 아이를 자식으로 두고 싶어서 대리모를 찾는다.

우리나라에서도 인터넷을 통해 불법적으로 정자와 난자가 거래되고 있고 대리모 알선이 쉽게 이루어진다. 이 과정에서 거금이 오고 가는데 보통 정자·난자 매매는 약 200~600만 원, 대리모 알선 금액은 4000~5000만 원 정도 소요된다고 한다. 누구나 돈만 주면 어렵지 않게 난자나 정자를 구할 수 있고 아이를 낳아주는 대리모도 구할 수 있다는 것이 우리의 현실이다.

대리모의 인권

대리모 출산은 개인적 차원에서 이루어지기 보다는 조직적 차원에서 주로 이루어진다. 돈벌이를 목적으로 브로커 조직들이 사이에 들어서 아이를 원하는 부모들과 대리모 여성들을 연결시킨다. 경우에 따라서는 이러한 거래에 국제적인 연결망을 갖추고 역할을 분담하는 거대조직이 개입하기도 한다. 브로커 조직들은 보통 생계곤란을 겪거나 급전을 필요로 하는 가임여성들을 대상으로 점조직을 통해 대리모를 모집한다. 대리모로 동원된 여성들은 경제적으로 다급한 상황에 내몰려 있기 때문에 이러한 거래가 불법이라는 것을 알고 있으며 또 어떤 법적 보호를 받지 못할 것을 알고 있으면서도 거래에 참여하게 된다.

대리모 출산이 심각한 것은 대부분의 대리모들이 계약서 한 장 없이 구두 약속만 믿고 거래를 하거나 혹은 계약을 하더라도 일방적으로 불리한 '을'의 조건을 내용으로 거래를 한다는 점이다. 그렇다 보니 찬부아의 경우처럼 예상치 못한 결과가 발생하게 되면 그 피해는 고스란히 대리모의 몫이 될 수밖에 없다. 문제는 많은 수의 대리모들이 낙태나 폭력, 사기 등과 같은 피해를 당하고 있지만 법의 보호를 받지 못하고 인권사각지대에서 신음하고 있다는 점이다. 또 다른 형태로 사회적 약자를 착취하는 천민자본주의의 민낯을 보는 것 같아 부끄러울 뿐이다.

국민 상당수(80% 이상)는 대리모 출산에 부정적인 의견을 갖고 있다.

심지어 산부인과 의사들(65.1%)도 '대리모시술'에 대해 큰 거부감을 갖고 있다. 그럼에도 불구하고 대리모 출산은 해마다 증가하고 있다. 또 이를 둘러싼 사회적 갈등의 골도 깊어지고 있다. 관계당국은 더 이상 대리모 출산 문제를 모르는 척 외면하지 말고 이를 사회적으로 공론화시켜야 할 것이다. 특히 대리모의 인권보호를 위한 법적 제도적 안전장치를 마련하기 위한 진지한 논의를 해나가야 할 것이다.

07 다문화 사회와 언론

최근 국내에 체류하는 외국인 수가 150만 명을 넘어섰다. 안전행정부가 발표한 '2014년 지방자치단체 외국인주민 현황'에 따르면 장기체류외국인, 귀화자, 외국인주민 자녀 등 국내에 거주하는 외국인은 총 156만 9천 740명이었다. 지난 1990년대 말의 경우 외국인은 38만여 명 수준에 지나지 않았는데 지금은 국내 총인구의 3% 가량이 외국인에 해당하고 있다. 전라북도의 경우 최근 큰 폭으로 증가한 외국인은 전체 인구(187만 2965명)의 2.1%(3만9777명)를 차지한다. 이들의 국적은 중국, 미국, 캐나다, 뉴질랜드 등 다양하다. 이처럼 우리 사회의 '다문화', '다인종' 현상은 국가경쟁력 확보의 한축을 이루고 있다. 다문화는 농어촌 거주 남성들의 국제결혼 비중이 커지면서 그 속도가 더 빨라지고 있다. 안전행정부(2013)에 의하면 다문화 가족은 2013년 현재 75만 명 내외이지만 2020년에는 100만 명을 기록할 것이라고 한다.

다문화에 대한 편견

외국인 수가 크게 늘다보니 요즈음은 외국인을 어디에서든 흔하게 볼 수 있다. 공항이나 버스터미널뿐만 아니라 작은 도시의 골목길이나 이름 없는 시장통에서도 우리는 그들을 쉽게 마주친다. 그들은 이제 더 이상 우리에게 신기한 존재가 아니다. 우리의 이웃이다. 수년전만 해도 지금과는 상황이 크게 달랐다. 그렇기 때문에 행여 외국인들을 마주치게 되면, 우리는 이들에 대해서 호기심을 보이는 것과 동시에 폐쇄적인 태도를 보였다. 필자도 그런 경험을 한 적이 있다. 10수년 전 필자는 미국의 키 큰 흑인 대학교수와 익산의 한 재래시장을 방문했다. 우리가 시장 안에 들어서자 많은 사람들이 순식간에 우리를 집중하면서 큰 호기심을 나타냈다. 당시만 해도 그들은 키가 그렇게 크고 피부가 새까만 외국인을 평생 처음 보았을지도 모른다. 어떤 사람들은 마치 외계인을 대하듯이 그에게 야릇한 웃음과 이상한 시선을 보냈다. 결국 그는 심한 불쾌감과 모욕감을 갖고 자리를 떴다. 만약 지금 그가 다시 시장에 나타난다면 어떤 상황이 전개될까.

다문화는 복수의 문화가 공존하는 것을 전제로 한다. 그렇기 때문에 다문화 사회는 복수의 문화를 '상대주의적 안목(relativism)'을 가지고 이해할 때 진정한 의미를 갖게 된다. 우리의 다문화 정책은 '공존'보다는 우리 문화에 대한 '동화'에 그 뿌리를 두고 있어서 외국인의 '한국화'를 기대한다. 이는 서구의 문화정책과는 크게 다르다. 게다가 우리의 다문화는 주로 농촌지역의 남성과 결혼한 동남아 지역의 여성들이나 생계유지를 목적으로 동원된 동남아 지역의 남성들에 의해서 자리 잡았기 때문에 우리는 지금까지 '문화적 우월주의'를 고수하고 있다. 즉 외국인의 문화에 대한 이해나 배려, 통합에는 관심을 거의 두지 않고 무조건 우리 것을 따르라는 식이다. 일부 전문가들은 이러한 문화적 태도가 바뀌어야 한다고 주장한다. 그렇지 않고 지금과 같은 태도가 지속된다면 향후 우리 사회는 다문화의 갈등과 충돌로 인하여 심각한 사회문제를 감당해야 할 것이라고 경고한다.

언론의 편파보도

물론 우리만 그런 것은 아니지만 사람들은 피부색이 다르다는 이유로, 우리 문화나 언어에 익숙하지 못하다는 이유로 외국인을 무시하거나 차별하는 경향이 있다. 이는 온당치 못한 것으로 우리 모두가 개선해야 할 것이다. 이와 관련해서 특히 언론의 역할이 중요하다. 우리가 잘 알다시피 언론은 현상을 전달하는 환경감시 기능과 관련 당사자들의 이해를 조정하고 통합하는 상관조정기능을 수행한다. 또한 언론은 소수집단에 대한 특정한 이미지를 부여하는 프레임 기능도 수행한다. 그렇기 때문에 다문화 현상과 관련해서 언론의 역할이 중요하다고 하는 것이다. 특히 언론인들은 언론에서 다루어지고 부각되는 현상을 독자들이 '사실' 혹은 '진실'로 수용한다는 점을 기억하고, 외국인에 대한 언론의 묘사가 중립적으로 이루어질 수 있도록 해야 한다.

하지만 지금까지 언론은 그런 균형추 역할을 제대로 하지 못하고 외국인을 부정적으로 묘사하는 것에 동참했다. 즉 언론은 외국인의 이미지를 왜곡하거나 인권을 침해했다. 한국기자협회(2011)에 의하면 일부 언론은 외국인 노동자를 부정적인 존재로 묘사했다. 특히 그들을 잠재적 범죄자로 묘사하여 이를 부각시켰다(예, '범무부, 구제역 차단위해 외국인 노동자 이동자제 당부', '보수단체 간부 모친 살해 용의자 조선족인 듯'〈연합뉴스, 2011.3.22〉). 일부 언론은 외국인 범죄를 확대해석하여 그들에 대한 이미지를 범죄 집단으로 각인시켰다(예, '유학생 경쟁적 유치, 외국인 범죄양상', 〈강원도민일보〉, 2010.3.24). 최근에도 일부 언론은 외국인을 보도할 때 여전히 편파적이고 선정적인 태도를 취하고 있다. 특히 이들은 보도를 통해서 농촌 지역으로 이주한 여성들이나 다문화 가정을 문제의 원인제공자로, 혹은 보호의 손길이 필요한 무능한 존재로 규정한다. 또 극히 일부이긴

하지만 몇몇 언론은 조선족을 살인, 성폭행, 폭력 등과 같은 범죄의 잠재적 가해자로 강조하기도 한다. 이런 보도는 우리로 하여금 이웃이 된 주변의 외국인을 쉽게 '문제아', '위험한 범죄 집단' 등으로 낙인찍는 원인으로 작용할 수 있다.

앞으로 언론은 지금까지 보여준 보도행태에서 벗어나 다문화를 '문화적 상대주의' 관점에서 접근하고 다뤄야 할 것이다. 우리는 언론이 '우리'와 '그들'을 하나로 묶고 서로를 조정하고 통합시키는 역할을 하는데 소매를 걷어붙이는지 관심을 두고 지켜볼 것이다.

이주민과 외국인 관련 '인권보도준칙'

1. 언론은 다양한 문화를 존중하고 여러 민족이 더불어 살아가는 사회가 되도록 노력한다.
   가. 출신국가, 민족, 인종, 피부색, 체류자격, 국적 유무와 관계없이 모든 사람의 인권을 존중하고 증진하도록 힘쓴다.
   나. 특정국가나 민족, 인종을 차별하거나 비하하는 표현을 사용하지 않는다.
   다. 이주민이 한국문화에 동화·흡수되도록 유도하거나 한국의 문화와 가치를 강요하는 보도를 자제한다.
   라. 이주민을 한국의 관점이나 기준으로 평가해 구경거리로 만들거나 동정을 받아야 할 대상으로 묘사하지 않는다.

2. 언론은 이주민에 대해 희박한 근거나 부정확한 추측으로 부정적인 이미지를 조장하거나 차별하지 않는다.
   가. 체류 허가를 받지 않은 외국인에게 '범죄자'라는 부정적 이미지를 덧씌울 수 있는 용어사용에 주의한다.
   나. 이주노동자 등을 잠재적 범죄자 또는 전염병 원인제공자 등으로 몰아갈 수 있는 표현을 사용하지 않는다.
   다. 이주 노동자를 동정의 대상으로 삼거나 어눌한 한국어 표현 등에 주목해 웃음거리로 묘사하지 않는다.

(한국기자협회·국가인권위원회 제정)

〈출처〉 한국언론진흥재단(2014). 언론인이 알아야 할 취재보도 가이드.

08 국가경쟁력과 행복지수

우리는 지난 반세기동안 국가가 경제적으로 풍족해지면 국민의 행복지수가 높아질 것이라는 기대를 갖고 열심히 일을 해왔다. 그 결과 우리는 세계 10위권을 넘나드는 명실상부한 경제대국으로 자리매김했다. 휴대폰 출하량 세계1위, 반도체 매출액 세계 2위, 선박수주와 건조량 세계 2위, 자동차 생산대수 세계 5위. 수출 7위 등. 이것들이 바로 자랑스러운 우리의 국가경쟁력과 관련된 현주소다.

이러한 국가경쟁력은 때때로 우리에게 자부심을 선사하기도 한다. 특히 타국에서 이를 확인하게 되면 더더욱 그렇다. 예를 들면 미국 뉴욕의 맨해튼이나 LA의 할리우드에서 혹은 한적한 시골도로에서 현대차나 기아차를 만나면 우리의 국력을 확인하는 것 같아서 어깨가 으쓱해진다. 미국 방송광고와 고속도로 주변 옥외광고에서 가수 '싸이'가 음료수 제품의 모델로 등장하는 것을 보면 '싸이'가 내 가족이나 된 것처럼 자랑스럽게 느껴진다. 조지아주가 현대자동차와 관련 부품공장들을 지역에 유치하기 위해 한국인에게는 미국면허가 아닌 한국면허를 사용하게 해준다는 뉴스를 접할 때는 내가 한국인임이 자랑스럽게 느껴진다.

국가경쟁력이 세계적임에도 불구하고 우리의 행복지수가 바닥이라는 조사결과들은 여러 면에서 예견돼 왔다. 우리가 지난 오십여 년 동안 개인의 행복을 희생해서 국가의 경쟁력을 산 것이 사실이기 때문에 그렇다. 특히 어린이·청소년의 '행복' 지수가 OECD국 가운데 최하위라는 조사결과는 여러 면에서 충격이다. 한국방정환재단과 연세대 사회발전연구소 조사결과에 의하면 초중고생의 행복지수는 74.0점이었다. 이 점수는 OECD 회원국 가운데 최하위에 해당하는 것이다. 즉 한국의 어린이·청소년들은 건강 체감, 학교 만족, 삶의 만족, 소속감, 어울림 등에서 전혀 행복감을 느끼지 못하고 살고 있는 것이다.

행복의 조건

우리의 오랜 믿음인 '국가경쟁력이 곧 국민행복지수'라는 등식을 뒤집은 조사결과는 누리꾼들의 뜨거운 반응을 불러일으켰다. 특히 역설적인 의제, 즉 '국가경쟁력과 국민행복'은 무관하다고 주장하면서도 왜 학생들은 '돈을 행복의 중요한 조건으로 지목하는가'가 핫 이슈로 떠올랐다. 고등학생들은 행복을 위해 가장 필요한 것으로 '돈(19.2%)', '성적향상(18.7%)', '화목한 가정(17.5%)', '자유(13.0%)' 순서로 답했던 것이 사회적 반향을 불러일으켰다. 누리꾼들은 "행복의 조건, 진짜 돈을 꼽았어?", "행복의 조건, 우리나라 고등학생들 너무 안타깝다", "행복의 조건, 20대도 다르지 않을 듯" 등 다양한 반응을 보였다.

어린 학생들이 집단적 차원의 부는 평가절하하면서 개인차원의 부에 대해서는 강한 열망을 갖는 모순적 태도를 보인다. 이는 기성세대들이 갖고 있는 '물신주의 사고(hedonism)'를 무비판적으로 답습하고 있다는 측면으로 이해할 수 있다. 즉 청소년들은 앞만 보고 살아가고 '금전적인 성공'만을 중시하는 기성세대의 가치를 그대로 답습해서 자신도 모르게 사회적 가치를 돈으로 평가하는 사고를 갖게 된다.

지난 해 한국인의 '삶의 질(quality of life)'은 세계 12위였다. 그러나 이는 지수상의 통계일 뿐이다. 구체적으로 '삶의 질' 지표를 살펴보면 우리는 투표 참여율이나 학업성취도 등과 같은 항목에서는 비교적 높은 점수를 받았지만 건강만족도, 여가활용 시간, 취업률 등에서는 상대적으로 낮은 점수를 받았다. 즉 복지, 안전, 행복 등 행복지수에 직접적으로 관련된 항목에서는 여전히 OECD 국가 가운데 최하위 수준에 머물러 있다. 그렇다 보니 우리의 현실적 행복지수는 낮을 수밖에 없다.

삶의 질 개선

실제로 우리 국민의 상당수는 소득의 양극화, 여가 부재, 불완전한 고용 등으로 인해서 많은 고통을 느끼고 있다. 예를 들면 우리 사회에서 생산 활동인구의 취업률은 전체의 64%에 불과하고 여가활동은 일부 상위계층의 전유물이 되어 있다. 6개월 미만의 단기취업자 비중은 OECD 국가(10%) 평균치의 2배인 24%에 달하고 있으며 상위 20%가 하위 20%의 평균 소득의 5.7배 넘게 벌고 있다. 더구나 한국인들은 OECD 국가들 가운데 정년퇴직 후에도 가장 오래까지 일을 한다. 남성은 71.1세까지, 여성은 69.8세까지로 거의 평생 동안 일을 하고 있는 셈이다.

국가경쟁력은 행복지수의 기반이 되는 필요조건이지 충분조건은 아니다. 이제는 우리 사회도 행복지수 향상을 위해 희생했던 것들에 대해서 관심을 돌릴 필요가 있다. 특히 소득의 양극화 문제를 해소하고 불완전한 고용환경을 개선해야 한다. 나아가 여가활용의 기회도 계층간에 공평하게 배분해야 한다. 우리가 국가경쟁력을 국민의 행복지수 향상을 위한 조치들과 적극적으로 연결시켜 나갈 때에만 우리는 대한민국을 진정한 의미의 선진국이라고 말할 수 있을 것이다. 이 사회가 빠른 시간 안에 '삶의 질'을 보장하는 그런 행복한 사회로 전환되길 바란다.

09 세월호 침몰과 언론

박근혜 정부는 취임 초 국정의 최우선 순위를 안전에 두겠다고 선언하고 기존의 '행정안전부'를 '안전행정부'로 명칭을 바꿨다. '행정안전부'나 '안전행정부'나 오십보백보지만 부처개명에 '안전'을 강조하는 레토릭을 구사했다.

대형 사고는 예기치 않는 곳에서 한 순간에 발생한다. 그렇기 때문에 이를 사전에 방지하는 것이 어렵다. 만일 대형 사고를 미리 방지할 수 있다면 이 세상에 재난이 어디 있겠는가. 대비할 수 있는 기회를 주지 않는 것이 재난의 속성 아닌가. 그래서 재난 시에는 초기 대응을 강조하는 것이다.

그래서 정부는 각종 재난에 대비해 미리 매뉴얼을 작성해둔다고 한다. 사건이 발생하였을 때 매뉴얼대로 진행하면 한층 수월하게 대처를 할 수 있기 때문이다. 정부가 안전행정부 내에 '중앙재난안전대책본부'(중대본)을 운영하는 것도 그런 상시 대비를 위해서 하는 것이다. 여기에는 군까지 참여하는 민관 합동 대응시스템도 적지 않다고 한다.

재난 대비 매뉴얼

엊그제 수학여행을 가는 고등학생들을 포함해서 4백여 명이 넘는 승객이 탑승한 여객선 '세월호'가 전남 진도 앞 바다에서 주저앉았다. 안산

단원고 2학년 학생 325명과 승무원, 일반 승객 등 476명이 인천에서 제주도로 가던 중이었다.

사고 원인은 아직 오리무중이다. 이는 시간을 두고 철저히 규명해야 할 것이다. 사고원인 규명과 함께 누가 사고를 잘못 수습하여 그 귀한 인명을 다 잃게 하였는지도 명명백백하게 밝혀야 할 것이다. 이는 재발 방지를 위한 교훈을 얻기 위해서 밝히라는 것이 아니다. 우리 사회 전반에 걸친 안전불감증의 뿌리가 어디까지 뻗어 있는지 확인해 보자는 것이다. 정부는 사고 대처에서 수준 이하의 후진성을 보였다. 언론도 이를 이구동성으로 규탄했다. 조선일보는 '침몰까지 백 사십분… 눈뜨고 아이들 잃는 나라'(4월 17일치 첫 면)를 통단 표제를 깔았다. 한겨레도 '안이한 현장대처 ? 지휘체계 혼선 …'어이없는 정부"(4월 18일치 첫 면)라고 질타를 쏟았다.

이번 '세월호' 침몰 사건을 담당한 정부의 각급 기관들은 공조는 물론 자체 시스템 작동에 있어서도 미흡하게 대처했다. 언론이 보도한 것처럼 이들 사이에는 일사불란한 공조체계가 전혀 없었다. 또한 이들은 초기 대응에 필요한 최소한의 기술도 갖추지 못하고 있었다.

언론보도의 한계

국내 언론은 말할 것도 없고 해외 언론도 앞 다투어 '세월호' 침몰사건을 다뤘다. CNN은 이번 사고를 전형적인 '인재'로 규정하면서 사고원인과 선장과 승무원의 부적절한 행동 등을 신랄하게 분석했다. 자이트는 '한국 국민들이 정부와 정치인, 언론에 대한 반감이 확산되고 있다'고 지적했다. 월스트리트저널도 정부의 무능력과 안일한 대처에 국민들의 분노가 커지고 있음을 보도했다. 해외언론은 이 사건을 "후진국형 인재"로 규정했다.

이 사건과 관련하여 정부만 여론의 도마 위에 오른 것은 아니다. 대다수 언론들은 이번 사건을 취급하는 과정에서 특종지향 경쟁보도, 부정확한 보도, 불공정한 보도에서 벗어나지 못하였다고 비난받았다.

그동안 우리 언론은 대형사고나 참사가 있을 때마다 객관적이거나 정확하지 못한 보도로, 상업적이고 선정적인 보도로 일관했다. 그 때마다 언론은 앞으로는 사건보도를 객관적으로 하겠다고 다짐했건만, 이번 '세월호' 사건을 보도하는데 있어서도 과거의 관행을 그대로 답습했다. 우선 공중파와 종합편성채널들은 하루 종일 특보라는 제목으로 앵무새처럼 동일한 내용을 반복했다. 특보는 한두 번으로 족하다. 이후부터는 후속 보도로 채워져야 한다. 새로운 팩트도 없는 동일 내용을 그렇게 반복할 필요가 있었는지, 생존자 소식을 마음 졸이며 기다리는 국민의 기대심리를 볼모삼아 사건을 그렇게 콘텐츠화했어야 했는지 언론사 스스로 자문해야 할 것이다. 이번 방송경험을 계기로 우리도 대형사고가 발생하면 특정 채널만 이를 집중적으로 보도하고 나머지 채널들은 뉴스나 여타 프로그램에서 간단하게 처리하는 미국의 재난보도 태도를 배워야 할 것 같다.

언론은 '단원고 학생·교사 전원이 구조됐다'는 정부의 발표를 보도하는 실수를 범했다. 뿐만 아니라 수차례에 걸쳐 이런 저런 오보를 냈다. JTBC의 〈뉴스9〉 등과 같은 일부보도는 공정한 편이라고 시청자들의 찬사를 받았지만 특정 방송사는 편파보도로 여론의 비난을 받았다. 심지어 이들의 불공정한 보도 때문에 현장의 학부모들이 국내 언론을 피하고 해외 언론과만 접촉하기도 했다. 반성해야 할 일이다. 이제 언론은 기존의 보도관행에서 벗어나 새로운 모습으로 보도에 임해야 할 것이다. 늦은 감이 있지만 한국기자협회보가 2014년 4월 20일 10개 조항의 '세월호 참

사보도 가이드라인'을 발표했다. 여간 다행한 일이 아니다. 향후 이 보도 가이드라인이 철저히 지켜지길 바란다.

재난보도 가이드라인

<취재와 보도>

제3조(정확한 보도) 언론은 재난 발생 사실과 피해 및 구조상황 등 재난 관련 정보를 국민에게 최대한 정확하고 신속하게 보도해야 한다.

제4조(인명구조와 수습 우선) 재난현장 취재는 긴급한 인명구조와 보호, 사후수습 등의 활동에 지장을 주지 않는 범위 안에서 이루어져야 한다. 재난관리 당국이 설정한 폴리스라인, 포토라인 등 취재제한은 특별한 사유가 없는 한 준수한다.

제5조(피해의 최소화) 언론의 역할 중에는 방재와 복구기능도 있음을 유념해 재난 피해를 최소화하는 데 기여해야 한다.

제6조(예방 정보 제공) 언론은 사실 전달뿐만 아니라 새로 발생할지도 모르는 피해를 예방하기 위해 안내와 사전 정보를 제공하고, 피해자 및 지역주민에게 필요한 생활정보나 행동요령 등을 전달하는 데도 노력해야 한다.

제7조(비윤리적 취재 금지) 취재를 할 때는 신분을 밝혀야 한다. 신분 사칭이나 비밀 촬영 및 녹음 등 비윤리적인 수단과 방법을 통한 취재는 하지 않는다.

제8조(통제지역 취재) 병원, 피난처, 수사기관 등 출입을 통제하는 곳에서의 취재는 특별한 사유가 없는 한 관계기관의 동의를 얻어야 한다.

제9조(현장 데스크 운영) 언론사는 충실한 재난 보도를 위해 가급적 현장 데스크를 두며, 본사 데스크는 현장 상황이 왜곡돼 보도되지 않도록 현장 데스크와 취재기자의 의견을 최대한 존중한다.

제10조(무리한 보도 경쟁 자제) 언론사와 제작책임자는 속보 경쟁에 치우쳐 현장기자에게 무리한 취재나 제작을 요구함으로써 정확성을 소홀히 하도록 해서는 안 된다.

제11조(공적 정보의 취급) 피해 규모나 피해자 명단, 사고 원인과 수사 상황 등 중요한 정보에 관한 보도는 책임 있는 재난관리당국이나 관련기관의 공식 발표에 따르되 공식발표의 진위와 정확성에 대해서도 최대한 검증해야 한다. 공식 발표가 늦어지거나 발표 내용이 의심스러울 때는 자체적으로 취재한 내용을 보도하되 정확성과 객관성을 최대한 검증하고 자체 취재임을 밝혀야 한다.

제12조(취재원에 대한 검증) 재난과 관련해 인터뷰나 코멘트를 하는 인물에 대해서는 사전에 신뢰성과 전문성을 충분히 검증해야 한다. 재난 발생시 급박한 취재 여건상 충실한 검증이 어려운 점을 감안해 평소 검증된 재난 전문가들의 명단을 확보해 놓고 수시로 검증하여 활용하도록 한다. 취재원을 검증할 때는 다음과 같은 사항들을 확인하기 위한 노력을 기울여야 한다.

① 취재원의 전문성은 충분하며, 믿을 만한가
② 취재원이 고의, 또는 실수로 사실과 다른 발언을 할 가능성은 없는가
③ 취재원은 어떤 경위로 그런 정보를 입수했는가
④ 취재원의 정보는 다른 취재원을 통해서도 확인할 수 있는가
⑤ 취재원의 정보는 문서나 자료 등을 통해서도 검증할 수 있는가

제13조(유언비어 방지) 모든 정보는 출처를 공개하고 실명으로 보도하는 것을 원칙으로 한다. 확인되지 않거나 불확실한 정보는 보도를 자제함으로써 유언비어의 발생이나 확산을 막아야 한다.

제14조(단편적인 정보의 보도) 사건 사고의 전체상이 파악되지 않은 상황에서 불가피하게 단편적이고 단락적인 정보를 보도할 때는 부족하거나 더 확인돼야 할 사실이 무엇인지를 함께 언급함으로써 독자나 시청자가 정보의 한계를 인식할 수 있도록 노력한다.

제15조(선정적 보도 지양) 피해자 가족의 오열 등 과도한 감정 표현, 부적절한 신체 노출, 재난 상황의 본질과 관련이 없는 흥미위주의 보도 등은 하지 않는다. 자극적인 장면의 단순 반복 보도는 지양한다. 불필요한 반발이나 불쾌감을 유발할 수 있는 지나친 근접 취재도 자제한다.

제16조(감정적 표현 자제) 개인적인 감정이 들어간 즉흥적인 보도나 논평은 하지 않으며 냉정하고 침착한 보도 태도를 유지한다. 자극적이거나 선정적인 용어, 공포심이나 불쾌감을 줄 수 있는 용어는 사용하지 않는다.

제17조(정정과 반론 보도) 보도한 내용이 사실과 다를 경우에는 독자나 시청자가 납득할 수 있는 적절한 방법으로 신속하고 분명하게 바로잡아야 한다. 반론 보도 요구가 타당하다고 판단될 때는 전향적으로 수용해야 한다.

〈피해자 인권 보호〉

제18조(피해자 보호) 취재 보도 과정에서 사망자와 부상자 등 피해자와 그 가족, 주변사람들의 의견이나 희망사항을 존중하고, 그들의 명예나 사생활, 심리적 안정 등을 침해해서는 안 된다.

제19조(신상공개 주의) 피해자와 그 가족, 주변사람들의 상세한 신상 공개는 인격권이나 초상권, 사생활 침해 등의 우려가 있으므로 최대한 신중해야 한다.

제20조(피해자 인터뷰) 피해자와 그 가족, 주변사람들에게 인터뷰를 강요해서는 안 된다. 인터뷰를 원치 않을 경우에는 그 의사를 존중해야 하며 비밀 촬영이나 녹음 등은 하지 않는다. 인터뷰에 응한다 할지라도 질문 내용과 질문 방법, 인터뷰 시간 등을 세심하게 배려해 피해자의 심리적 육체적 안정을 해치지 않도록 각별히 유의해야 한다.

제21조(미성년자 취재) 13세 이하의 미성년자는 원칙적으로 취재를 하지 않는다. 꼭 필요하다고 판단될 경우에는 부모나 보호자의 동의를 얻어야 한다.

제22조(피해자 대표와의 접촉) 피해자와 그 가족들이 대표자를 정했을 경우에는 이들의 의견을 적절히 수용하고 보도에 반영함으로써 피해자와 언론 사이에 불필요한 마찰이나 갈등, 오해가 생기지 않도록 노력한다. 자원봉사자와의 접촉도 이와 같다.

제23조(과거 자료 사용 자제) 과거에 발생했던 유사한 사건 사고의 기사 사진 영상 음성 등을 사용하는 것은 해당 사건 사고와 관련된 사람의 아픈 기억을 되살리고 불필요한 불안감을 부추길 수 있으므로 가급적 자제한다. 부득이 사용할 경우에는 과거 자료라는 점을 분명히 밝힌다.

(한국신문협회·한국방송협회·한국신문방송편집인협회·
한국기자협회·한국신문윤리위원회 제정)

〈출처〉 한국언론진흥재단(2014). 언론인이 알아야 할 취재보도 가이드

10 위너의 '목표관리'

지금 익산 신용벌에는 어느 것 하나 아름답지 않은 것이 없다. 오만 가지 꽃들은 말할 것도 없고 이름 모를 나무들까지도 우리의 눈을 사로잡는다. 캠퍼스가 연출하는 4월의 장관 가운데 최고의 것은 역시 청춘이 만들어내는 역동적인 모습이다. 그들의 활기찬 모습과 멋들어진 차림새는 주변을 압도하기에 충분하다.

이러한 캠퍼스 전경이 미래의 위너(winner)인 청춘들로 채워질 수만 있다면 신용벌은 한 치의 부족함도 없는 완벽한 모습이 될 수 있을 것이다. 위너가 가득한 4월의 신용벌 캠퍼스, 상상만 해도 가슴이 두근거린다.

신용벌의 봄을 위너들의 공간으로 만들기 위해 우리 학생들이 꼭 해야 할 일이 있다. 그것은 이번 봄을 계기로 모든 학생들이 '목표관리'를 철저히 해서 위너가 될 준비를 하는 것이다.

목표관리의 과정

'목표관리'란 몇 가지 기준에 입각해서 목표를 재점검하는 일련의 과정을 말한다. 즉 목표가 시의적절한 것인가? 실현가능한 것인가? 주변의 협조를 구할 수 있는 것인가? 등을 따져 보는 것이다. 이렇게 목표를 점검해야 하는 이유는 새로 전개된 주변상황이 설정한 목표를 무용지물로 만들 수 있기 때문이다.

먼저 시의성을 상실한 목표는 새로운 목표로 전환되어야 한다. MP3 기기의 최고 디자이너가 되려고 하는 디자인 전공자의 경우 스마트폰이 MP3의 음원기능을 대체해 버리면 그 목표를 바꾸어야 한다. 그 이유는 MP3 기기의 디자이너라는 직업이 시의성을 상실하였기 때문이다. 시의성이 없는데 그 분야의 최고 디자이너가 되었다 한들 그것이 무슨 가치를 갖겠는가?

마찬가지로 목표가 실현가능성이 없다고 판단되면 이를 다른 것으로 대체해야 한다. 사고로 인해 후천적 음치가 된 사람의 경우 그가 목에 피가 나도록 음악훈련을 한다고 해서 최고의 성악가가 될 수 있겠는가? 기적이 일어나지 않는 한 그가 최고의 성악가가 될 수 없다. 그가 최고의 성악가가 되는 것을 소망하거나 희망할 수는 있겠지만 그것을 목표로 삼아서는 곤란하다.

선택과 집중전략

마지막으로 목표달성 과정에서 주변의 협조가 절대적으로 필요한데 협조를 구할 수 없다면 그 목표를 수정해야 한다. 골수이식 수술을 원하는 백혈병 환자의 경우 골수제공을 받을 수 없는 상황에 처하게 되면 수술을 포기하고 다른 치료방법을 찾아야 한다. 만일 그 상황에서도 환자가 수술만을 고집하게 되면 생명은 결코 담보되지 않을 것이다.

21세기 들어 '목표관리'가 인생의 성패를 결정하는 가장 중요한 열쇠가 됐다. 그것은 최근 들어 우리 환경이 급속하게 변화하면서 나타난 현상이다. 따라서 젊은이들은 위너가 되기 위해서 자신의 목표를 변화하는 환경과 조율하는 작업을 게을리 하지 말아야 한다. 목표를 설정하였는데 환경이 변했다면 재빨리 적응해야 할 것이다. 만약 이를 무시하고 그 목표에 매달리게 되면 루저(looser)로 전락할 가능성이 크다.

목표가 변하면 실행수단도 바뀌야 한다. 이때 활용할 수 있는 최고의 전략은 '선택과 집중(selection and concentration)'이다. 즉 목표달성을 위해 필요한 수단 몇 개를 우선순위에 따라 선정하고 그것에 모든 자원을 집중하는 전략이 가장 효율적인 방법이다. 우리 학생들이 이러한 전략을 과감히 수용해서 효율적인 수단을 확보한다면 목표추진에 수반될 위험을 크게 줄일 수 있을 것이다.

우리 학생들이 자신의 목표를 꼼꼼하게 재점검하여 위너로 가는 탄탄대로를 만들기 바란다.

11 '자살공화국'과 언론보도

최근 발생한 일련의 자살사건들은 우리 사회에 큰 파문을 불러왔다. 특히 생활고 때문에 발생한 송파구 세 모녀 자살, 동두천 모자 자살, 광주의 부녀 자살, 익산시 일가족 자살 등은 사람들을 안타깝게 만들었다. 그런가 하면 SBS 리얼리티 프로그램 〈짝〉에 참여한 여성이 촬영 중에 갑자기 자살을 하여 세간에 충격을 주었다. 자살이 이렇게 비일비재하게 발생하다 보니 이제 자살은 남의 이야기가 아닌 나의 이야기가 되었다.

물론 자살이 사회적 이슈가 된 것은 어제 오늘 일은 아니다. 수년 전부터 우리나라의 자살률은 OECD 회원국 가운데 1위를 기록해 왔다. 2012년 통계에 의하면 우리나라 인구 10만 명당 29.1명이 자살을 했다고 한다. 이는 OECD 평균치 12.5명의 2배를 넘는 수치다. 더 놀라운 것은 10~30대의 주요 사망원인이 자살이라는 점이다. 매일 37분마다 1명이 목숨을 끊는다고 하니, 우리 사회를 '자살공화국'이라고 하는 것도 과장된 표현만은 아닌 것 같다.

자살은 심각한 사회문제

이제 자살은 개인적·가정적 문제로 치부하고 침묵할 수 없는 심각한 사회문제가 됐다. 정부도 사태의 심각성을 인식하고 대책마련에 부심하고 있다. 2004년부터 '자살예방 5개년 종합대책'을 추진했고 2011년에는

'자살예방 및 생명존중 문화 조성을 위한 법률'을 제정했다. 문제는 정부의 노력에도 불구하고 자살이 줄지 않고 매년 증가하고 있다는 점이다.

일반적으로 자살은 경제난, 가정불화, 취업, 질병 등과 같은 요인이 복합적으로 작용하여 개인적으로 이루어지는 것으로 알려져 있지만 때로는 언론보도가 선택에 결정적인 영향을 미칠 수도 있다고 한다. 즉 언론보도가 잠재적인 자살자들에게 영향을 미쳐서 자살을 유발할 수 있다는 것이다. 자살과 밀접하게 연관된 변인은 보도량, 보도기간, 매체의 지명도 등이다. 즉 자살 관련 보도량이 많고, 보도기간이 길수록 또 주요 언론사가 다루게 될수록 그 영향력이 커진다. 또 스타의 자살을 다룬 보도가 자살률에 크게 영향을 미친다. 이런 '베르테르 효과'는 우리 사회에서도 종종 나타나고 있다. 최진실 씨의 자살사건이 보도된 후 동일한 방법을 사용한 자살시도가 증가했던 것이 그 예이다.

자살보도의 선정성

우리 언론의 자살보도는 자살원인에 대한 선정적인 보도, 자살방법에 대한 상세한 보도, 자살 동기에 대한 추측 보도 등으로 악영향을 미친다. 또 텔레비전 보도보다는 신문 보도가 더 영향을 미친다고 한다. 즉 잠재적인 자살자들은 신문에서 보도된 자살의 이유, 과정, 방법 등을 스크랩하여 수시로 읽어보고 이를 활용한다는 것이다. 신문은 텔레비전보다 더 상세하고 적나라하게 사건의 내용을 전달할 수 있어서 효과가 더 크다고 한다.

그렇기 때문에 자살사건을 보도할 때 언론은 그 내용이 선정적으로 흐르지 않도록 신중을 기해야 한다. 특히 보도내용이 자살을 '용납할 수 있는 행위', '정당한 행위' 등으로 미화하거나 자극적으로 묘사하는 것을 피해야 한다.

언론이 자살사건을 집중적으로 보도하게 되면 잠재적인 자살자들은 선정적인 내용의 자살사건에 노출될 수밖에 없고 그렇게 되면 이를 모방한 자살을 선택할 수 있다. 일부 연구에 의하면 잠재적 자살자는 언론을 통해서 자살 방법이나 장소 등에 관한 정보를 얻을 뿐만 아니라 자살에 대한 공감이나 동조, 자살 충동 등도 경험한다고 한다.

언론보도가 자살에 미치는 이러한 영향력을 인식한 보건복지부와 한국기자협회, 한국자살예방협회는 '언론의 자살 보도 기준'을 마련해 전국 180여개 언론사 및 관련단체가 이를 실천하도록 권고한 바 있다. 또 최근 방송통신위원회도 자살 장소, 수단, 방법 등을 구체적으로 소개하거나 미화하는 것을 제한하는 방송심의규정을 채택하고 있다. 그러나 일련의 자살사건 관련 기사를 보면 언론은 아직까지 이런 규정을 충실하게 반영하지 않고 있는 것 같다.

자살사건들이 세간의 주목을 끌고 있는 이번 기회를 통해 뉴스 제작자들은 자살사건과 관련된 보도내용이 잠재적인 자살자들에게 영향력을 행사한다는 점을 다시 심각하게 상기하길 바란다.

자살보도 가이드라인

1. 언론은 자살 보도에서 자살자와 그 유족의 사생활이 침해되지 않도록 주의를 기울여야 합니다. 중요한 인물의 자살과 같은 공공의 정당한 관심의 대상이 되는 사건이 아닌 경우에는 자살에 대한 보도를 자제해야 합니다.
2. 언론은 자살자의 이름과 사진, 자살 장소 및 자살 방법, 자살까지의 자세한 경위를 묘사하지 않아야 합니다. 다만 사회적으로 중요한 인물의 자살 등과 같이 공공의 정당한 관심의 대상이 될 수 있는 경우에 그러한 묘사가 사건을 이해하는데 필요한 경우는 예외입니다.
3. 언론은 충분하지 않은 정보로 자살동기를 판단하는 보도를 하거나, 자살동기를 단정적으로 보도해서는 안 됩니다.
4. 언론은 자살을 영웅시 혹은 미화하거나 삶의 고통을 해결하고 방법으로 오해하도록 보도해서는 곤란합니다.
5. 언론이 자살 현상에 대해 보도할 때에는 확실한 자료와 출처를 인용하며, 통계 수치는 주의 깊고 정확하게 해석해야 하고, 충분한 근거 없이 일반화하지 말아야 합니다.
6. 언론은 자살 사건의 보도 여부, 편집, 보도 방식과 보도 내용은 유일하게 저널리즘의 기본 원칙에 입각해서 결정하며, 흥미를 유발하거나 속보 및 특종 경쟁의 수단으로 자살 사건을 다루어서는 안 됩니다.

자살보도 실천 세부내용은 다음과 같다.

1. 자살은 전염된다.
   - 자살에 대한 보도는 대중의 모방 자살을 부추길 수 있다는 사실을 항상 명심하자.
   - 자살이 유행하고 있다거나 특정 지역의 자살률이 세계에서 가장 높다는 등의 표현을 피한다.
2. 자살은 다수의 복합적인 원인들에 의해 발생한다.
   - 실연, 실업, 질병 등의 고통스러운 사건들 자체가 유일한 자살의 원인은 아니다.
   - 자살자의 90% 이상이 사망 당시 정신 질환을 앓고 있었지만 드러나지 않은 경우가 많다.
   - 유명인사의 자살은 일반인의 자살보다 모방을 유발하기 쉽다. 유명인사의 자살이 특별한 주목을 받더라도 그의 개인적인 매력이나 명성 때문에 정신건강상의 문제나 약물 남용 문제가 가려지지 않도록 해야 한다.
3. 자살 보도문에서의 언어적 표현이 자살의 전염성을 높일 수 있다.
   - 헤드라인에 자살이라는 말을 쓰거나 사인이 자해라고 표시하는 것은 위험하다.
   - 자살한 사람의 신분에 상관없이 헤드라인에 이름, 나이, 거주지를 밝히는 것은 좋지 않다.
   - '자살', '자살하다' 보다는 '자살로 사망하다'라고 쓰는 것이 바람직하다. 전자의 표현은 기사의 초점이 죽음에 국한되어 있거나 그 죽음을 죄악시하는 것을 암시할 수 있다.
   - '자살 사망' 혹은 '자살 미수'란 표현이 '자살 성공' 내지 '자살 실패'라는 표현보다 바람직하다.

4. 자살 보도문이 암시하는 태도가 자살의 전염성을 높일 수 있다.
   - 자살이 사회적이나 문화적인 변화 내지 타락 때문에 일어나고 있다는 식의 오해를 불러일으킬 수 있는 언급을 삼간다.
   - 자살한 사람을 순교자로 미화하거나 자살 행위 자체를 용감하거나 아름다운 행위로 묘사할 경우, 자살 가능성이 있는 사람에게 자살을 실행에 옮기도록 부추길 수 있다. 그보다는 자살한 사람의 사망 사실에 대한 애도를 강조해야 한다.
5. 자살사건의 특성도 모방자살에 영향을 줄 수 있다.
   - 특히 유명인사일 경우 자살을 흥미위주로 다루는 것을 피해야 한다. 유명인의경우에는 그 사람이 앓고 있었을지 모르는 정신질환 문제에 대해 반드시 언급해야 한다. 특히 자살한 사람이나 자살 장면, 자살 방법에 대한 사진 등을 개제하지 말아야 한다. 1면 머리기사로 싣는 것은 결코 바람직하지 못하다.
   - 특히 자녀를 포함한 가족동반자살의 경우 희생된 아이들과 그 아이들을 살해한부모의 비정함에 초점을 맞추는 경우가 많은데, 이런 경우 자살을 결심한 부모에 대한 정보가 전달되지 못하거나 왜곡될 수 있으므로 주의를 기울여야 한다.
6. 어떤 방법으로 자살했는지에 대해 자세하게 묘사하는 것은 매우 위험하다.
   - 연구에 의하면, 자살에 대한 미디어 보도는 자살 빈도보다는 자살 방법에도 큰 영향을 미친다.
   - 특정한 절벽, 고층빌딩, 철도 같은 전통적으로 자살이 자주 발생하는 곳을 보도하면 대중의 관심을 환기·집중시켜 더 많은 사람들이 그 장소를 선호하게 된다(예: 한국의 반포대교).

7. 자살로 인해 일어날 수 있는 부정적인 결과를 함께 밝혀준다.
   - 자살에 대한 기사에는, 자살에 대한 편견과 정신적 충격으로 그 가족이나 주위사람들이 겪을 고통이 언급되어야 한다.
   - 자살을 시도했으나 실패하여 신체적 후유증(뇌 손상, 사지마비 등)을 입을 수 있음을 자세히 보도하면 자살을 억제하는 효과를 거둘 수 있다.
8. 자살 보도 시 자살을 극복할 수 있는 정보도 함께 전달해야 한다.
   - 자살률의 추이와 자살 위기에 놓인 사람들을 위한 최신 치료법을 알려 준다.
   - 자살한 사람이 자살하는 대신 선택할 수 있었던 대안을 함께 알려 준다.(위기상담을 할 수 있는 곳의 전화번호와 인터넷 사이트 주소 등)
   - 치료나 상담을 받고 위기를 넘긴 사람의 사례를 보도한다.
9. 시민들이 자살에 대해 보다 정확하게 알 수 있도록 도와야 한다.
   - 자살에 대한 편견을 소개하고 자살에 대한 정확한 이해를 돕는 정보를 포함한다.
   - 통계수치는 반드시 주의 깊고 정확하게 해석하여 인용해야 한다.
   - 자료 출처는 정확하게 제시한다.
   - 자살 예방 전문가들의 조언을 정기적으로 제공한다.
   - 죽음을 너무 가볍게 여기거나 터부시하지 않고 진지하게 이야기 할 수 있는 사회분위기를 조성한다.
   - 시민 자신과 가족의 정신건강을 체크하고 위기에 대처할 수 있도록 자살징후가 무엇인지, 그런 징후를 발견하면 어떻게 대처해야하는지를 설명한다.

(한국기자협회·국가인권위원회·한국자살예방협회)

〈출처〉 한국언론진흥재단(2014). 언론인이 알아야 할 취재보도 가이드

12 성형 공화국의 여대생 사망

최근 성형수술의 열풍이 만만치 않다. 한 조사에 의하면 여성 5명 가운데 1명이 성형수술을 받고 있다고 한다. 이를 인구 1,000명당으로 환산하면 약 13.5명이 성형수술을 받는 셈이다. 이 수치는 세계에서 가장 높은 것이다.

국제미용성형수술협회(2011)도 우리 사회의 성형열풍을 보여주는 자료를 발표한 바 있다. 이에 의하면 200억 달러(21조 원)에 달하는 세계 성형시장에서 우리가 차지하는 규모는 45억 달러(5조 원)로 약 4분의 1을 차지한다고 한다. 이러한 사실을 토대로 하면 우리 사회는 그야말로 '성형공화국'인 셈이다

성형열풍이 거세진 배경에는 여러 가지가 있겠지만 그 가운데 의료마케팅이 큰 몫을 한 것 같다. 의료 기관들은 여성의 외모와 신분상승을 교묘하게 연결시키는 한편 외모변화를 통해 자신감을 회복한 사례를 적극적으로 홍보하고 있다. 성형병원의 광고가 없는 지하철 광고판, 일간신문, 포털사이트, 여성잡지 등은 이제 찾아보기 힘들다.

또한 성형수술의 열풍은 성형수술을 관광산업과 연결시키는 정부시책과도 맞물려 나타났다. 성형수술을 받도록 외국관광객을 유치하거나 의료진을 해외로 진출시키는 상품을 추진하는 자치단체가 하나둘이 아니다.

언론이 성형열풍 조장

언론도 이러한 성형열풍을 조장하는데 적지 않은 역할을 했다. 특히 일부 언론은 각국의 성형문화를 보도하면서 우리 기술력을 부각시켜 마치 우리나라를 성형수술의 안전지대인양 소개했다.

성형수술이 무조건 나쁜 것은 아니다. 살면서 선천성 기형이나 후천성 기형이 있는 경우 이를 보정하는 수술은 꼭 필요하다. 문제가 되는 것은 외모지상주의에 편승하여 신체를 무분별하게 손보는 것이다. 불행하게도 우리 사회는 이러한 성형수술에 무방비 상태로 노출되어 있다. 심지어는 목숨을 담보로 한 성형수술을 하는 사례까지 나타나고 있다. 최근에도 부산의 한 여대생이 성형수술을 받다가 사망하는 사고가 발생했다. 올해 들어 벌써 세 번째 사고다.

성형수술의 열풍이 확산되면서 이것이 여성을 독립된 인격체가 아닌 미의 대상으로 전락시킨다는 우려의 목소리가 나오고 있다. 이러한 우려는 몇 가지 사실에 근거를 두고 있다.

먼저 성형수술이 보편성과 일반성을 갖고 있다는 점이다. 과거에는 성형수술이 연예인이나 특정 직업인, 젊은 여성 등에 한정되어 이루어졌던 반면 최근에는 학생, 전문직 여성, 주부 등과 같은 젊은 여성뿐만 아니라 할머니들까지도 가담하는 추세다.

성형수술은 상업주의의 산물

둘째, '외모 지상주의'가 상업성과 맞물려 성형수술을 강요된 선택으로 만들었다. 성형수술이 과거에는 '예뻐지고 싶다는 미적 가치'에 의한 자발적인 선택이었다면 최근에는 '외모 지상주의'에 의해서 강요된 선택이 되었다. 이는 의료자본의 상업성에 의해 만들어진 현상이다. 거대산업으로 변신한 성형산업은 사이버공간을 활용하여 '외모 이데올로기'를 확대 재생산하고 있다. 최근 적발된 강남의 유명병원의 포털사이트 조작사건(즉, 직원을 동원하여 허위정보를 인터넷상에 확산시켜 성형을 홍보한 사건)이 이에 해당하는 좋은 예이다.

셋째, 성형수술의 열풍은 여성의 지위향상에 걸림돌이 된다. '외모 지상주의'는 여성들로 하여금 자기계발이나 능력배양보다는 외모다듬기에 많은 시간과 정열을 투자하게 만든다. 그 결과 여성을 이등시민의 존재로 내몰게 된다. 그렇기 때문에 성형수술의 열풍이 잦아들지 않는 한 여성의 지위향상은 요원해질 수밖에 없다.

마지막으로 성형수술의 부작용이 만만치 않다는 점이다. 특히 무면허 시술을 받은 여성들은 심각한 육체적·심리적 폐해를 겪는다고 한다. 방송을 통해 소개된 '선풍기 아줌마'의 사례가 보여주었듯이 이들은 성형중독을 겪거나 우울증, 낮은 자아존중감 등으로 평생을 고통받는다고 한다. 극단적인 경우 일부 여성은 의료사고로 사망을 하거나 잘못된 수술을 비관하여 자살을 하기도 한다.

'돈이면 다 된다', '외모가 중요하다' 등의 사고에 기반을 두고 유행처럼 번지는 성형열풍은 이렇듯 많은 여성들을 신체적·경제적·사회적 위험상황으로 내몰고 있다. 지금은 성형열풍을 잠재울 특단의 대책과 '외모 지상주의'를 불식시킬 수 있는 사고 전환이 무엇보다 필요한 시점이다.

13 노령화 사회와 삶의 질

전북도민의 노령화가 급속하게 이루어지고 있다. 1980년만 해도 65세 이상 노인인구가 전체 전북인구의 4.9%에 불과했으나 2000년을 기점으로 10%를 넘어섰다. 이러한 변화추세는 시간이 지나면서 더욱 가속화되고 있다. 급기야 2009년부터는 도내 전체 인구의 15% 이상이 노인층으로 구성됐다. 2012년 말 현재 전북의 65세 이상 노인인구 비율이 16.4%로 전남과 경북에 이어 3번째로 높다고 한다.

물론 이러한 노령화 현상은 전북지역에만 국한된 것은 아니다. 전국적으로 전체 인구 가운데 65세 이상 노인이 차지하는 비중이 커지고 있다. 노인인구는 2010년 현재 우리나라 전체인구의 11.4%에 달하고 있다. 2026년에 이르면 대한민국도 노인층이 전체인구의 20%를 넘는 초고령화 사회에 진입하게 될 것이라고 한다. 이러한 전망은 생활환경의 개선과 의료기술의 발전으로 인하여 평균수명이 증가하는 것, 출산율이 감소하는 것 등을 감안한다면 크게 틀리지 않을 것이다.

신빈곤층 양산

전북지역의 노령화 현상은 앞으로도 타 시도에 비해 더 빠르게 진행될 것으로 예측된다. 그 이유는 전북은 수도권 및 광역도시 등과 달리

산업 인프라가 상대적으로 빈약해서 경제활동 인구가 타 시도로 유출될 가능성이 매우 높기 때문이다. 전북지역 가운데에서도 농업 의존비율이 높은 임실, 무주, 장수 등의 지역에 고령인구가 밀집되어 있다는 사실을 통해서도 이런 예측을 쉽게 할 수 있다.

지역주민의 고령화는 지역발전의 동력을 위축시키고 경제활동에 참여하는 인구가 책임져야 할 부양부담을 확대한다는 경제적 측면뿐만 아니라 여러 가지 사회문제를 유발할 수 있기 때문에 이에 대한 대책을 마련해야 할 필요성이 제기된다.

먼저 노령화로 인하여 많은 수의 신빈곤층이 양산되고 있다. 우리나라 65세 이상 노인인구 가운데 경제활동에 참여하는 인구는 30.5%에 불과하다. 즉 10명 중 7명은 일자리 없이 지낸다. 그 결과 기초노령연금을 제외하고는 기댈만한 사회보장 시스템이 결여된 현실에서 많은 노인들은 절대적인 빈곤상태에서 생활할 수밖에 없다. 최근 우리나라의 만 65세 이상 노인들의 빈곤율(전체 가구 중위소득의 50% 미만인 노인인구 비율)은 2011년 현재 45.1%로 OECD 회원국 중 최악이다. 평생 앞만 보고 열심히 일해온 산업화의 주역들에게 또다시 가혹한 짐을 지도록 하는 것 같아서 마음이 무겁다.

노인의 고독사 증가

또한 노령화로 인하여 독거노인의 수가 증가할 뿐만 아니라 고독사의 발생이 높아지고 있다. 근래 들어 언론이 독거노인과 고독사의 사례를 빈번하게 다루는 것도 이러한 노령화 현상과 무관치 않다. 2012년 말 현재 독거노인 비율은 전체 453만9,000 가구의 25.3%에 달하고 있다. 또

고독사의 발생비율도 2000년의 3.7%에서 2012년 6.6%로 거의 2배 가량 늘어났다.

마지막으로 노령화는 사회적 연결망을 훼손시켜 노인들이 소외의식을 느끼고 극단적인 경우 자살을 선택하게 한다. 노인, 특히 독거노인들은 대외활동을 중단하면서 사회참여의 기회를 대부분 상실하기 때문에 심한 고독감을 경험할 수밖에 없다. 이런 상황에서 사회적 보호망이 결여된 노인들은 자살이라는 극단적인 선택을 결정하게 된다. 노인 자살률을 보면 2001년 10만 명당 42명에서 2011년 799.7명으로 크게 늘어났다. 전문가들은 노인자살의 70~80%가 건강 특히 외로움으로 인한 우울증과 무관치 않다고 말한다.

초고령화 사회의 진입을 눈앞에 두고 있는 전라북도는 65세 이상 노인들의 '삶의 질'을 높이기 위한 대책을 마련해야 할 것이다. 노인들의 경제활동을 연장할 수 있는 프로그램, 사회적 보호망을 보존해 나갈 수 있는 프로그램도 개발해야 할 것이다.

최근 박근혜 정부가 노인복지를 위한 정책에 특별한 관심을 보이고 있어 전라북도가 설득력 있는 노인복지 프로그램을 개발한다면 중앙정부로부터 많은 지원을 받아낼 수 있을 것 같다. 이런 기회를 잘 활용하여 전라북도는 노인복지의 수준을 한 단계 업그레이드시킬 수 있기를 바란다.

노인 관련 '인권보도준칙'

1. 언론은 노인 문제를 제도적이고 종합적인 관점으로 접근한다.
   가. 노인을 지나치게 의존적 존재로 부각하지 않으며 부정적 이미지를 조장하지 않는다.
   나. 노인의 경제적 어려움, 학대, 범죄, 자살 등을 개인문제로 다루지 않고 사회적·정책적 해법의 필요성을 제시한다.

2. 언론은 노인의 독립과 사회참여, 자아실현, 존엄성을 존중한다.
   가. 연령을 이유로 노동시장 등 사회생활에서 차별받지 않도록 보호한다.
   나. 노인 인권침해, 특히 시설생활 노인 등의 인권에 지속적으로 관심을 갖고 살펴본다.
   다. 노인의 결혼과 이혼 등에 대해 선정적으로 접근하지 않는다.

(한국기자협회·국가인권위원회 제정)

〈출처〉 한국언론진흥재단(2014). 언론인이 알아야 할 취재보도 가이드

14 '막장 드라마'와 시청률

요즈음 드라마가 TV시청률을 좌지우지하고 있다. TNMS의 시청률조사(2013.5)에 의하면 주중 TV시청률 탑10 가운데 5개가 드라마라고 한다. 주말엔 시청률이 더 높아서 탑10 가운데 8편이 드라마라고 하니 '드라마 전성시대'라는 말이 나올 만도 하다.

우리가 현재 처한 불안한 상황을 고려한다면 드라마 강세 현상은 어쩌면 당연한 것일지 모른다. 그 이유는 사회가 불안하면 불안할수록 정치엘리트들은 권력유지를 위해, 또 언론사는 돈벌이를 위해 드라마나 연예오락 프로를 통해 사회적 관심을 돌려놓기 때문이다. 방송사가 '안보장사'를 한다는 비판도 이런 맥락과 상통한다. 즉 방송사들이 남북 갈등으로 배가된 사회적 불안을 이용하여 드라마로 톡톡히 재미를 보고 있다는 것이다. 전체적인 상황을 고려해 볼 때 언론이 '안보장사'를 한다는 말이 허무맹랑하지만은 않은 것 같다.

'드라마 전성시대'는 몇 가지 이유에서 사회적 관심사가 된다. 먼저, 방송사들은 드라마로 시청률 경쟁을 하기 때문에 드라마의 내용이 저급하게 변질될 수밖에 없다. 실제로 방송환경이 변화하고 신규 방송사가 개국될 때마다 이런 현상이 나타났다. 1990년대 SBS 개국 때도 그러했다. 당시 방송3사는 시청률을 확보할 목적으로 드라마를 저질적이고 반윤리적인 내용으로 제작했다. 그 결과 선정성과 폭력성으로 인하여 여론의 비판을 맞았다. 특히 MBC의 〈아들의 여자〉는 도가 지나쳐 저질문화의 대명사로 낙인찍히기도 했다.

드라마의 공공성

종편채널이 출범한 후 이런 현상이 재발할 조짐이 나타나고 있다. 방송의 다양성과 경쟁력을 높이고 품격 있는 방송문화 시대를 열겠다면서 송출을 시작한 종편채널은 출범 초부터 기대에 부응하지 못하고 있다. 오히려 방송사간 시청률 경쟁을 부추기는 부작용만 낳았다. 올 초부터 모든 방송사들은 마치 드라마로 사생결단을 하려는 것처럼 경쟁적으로 '막장 드라마'를 양산하고 있다. SBS 〈야왕〉, MBC 〈백년의 유산〉, MBC 〈사랑했나봐〉 등이 여기에 해당하는 예가 된다. 이들은 '교통사고를 이용한 살인 장면', '시어머니가 며느리의 머리채를 잡는 장면', '며느리를 정신병원에 감금시키는 장면' 등과 같은 폭력적이고 비윤리적인 내용으로 채워졌다. 가족이 둘러 앉아 함께 시청하기에는 정말 민망한 저급 소재들이다.

두 번째 이유는 드라마가 사회화의 중요한 도구가 된다는 점이다. 드라마가 미치는 사회적 영향력은 말할 수 없이 크다. 그것은 드라마가 설정하는 상황, 인물 등이 현실과 흡사하기 때문에 시청자들이 드라마를 현실로 착각할 수 있다. 또한 드라마는 시청자 특히 청소년들에게 신념과 가치관을 확립하는데 큰 영향을 미친다. 그것은 청소년들의 경우 등장인물을 자신의 준거집단(reference group)으로 삼는 경우가 많기 때문에 그렇다. 따라서 드라마가 등장인물이 저지르는 폭력, 범죄 등과 같은 반

사회적 행위를 미화시키면 결국 사회적 폐해가 발생할 수 있다.

바로 이러한 사회적 영향력 때문에 드라마는 공공성 책무를 이행해야 한다. 그래서 방송법 제5조(방송의 공적 책임)도 "방송은 범죄 및 부도덕한 행위나 사행심을 조장해서는 아니 되며(4항), 건전한 가정생활과 아동 및 청소년의 선도에 나쁜 영향을 끼치는 음란·퇴폐 또는 폭력을 조장하여서는 아니 된다(5항)"고 밝히고 있다. 하지만 방송사들은 이러한 책무를 심각하게 받아들이지 않고 있다. 이들은 불륜, 폭력, 범죄 등을 소재로 한 어떤 '막장 드라마'라도 시청률 확보에 도움이 된다면 생각 없이 제작하고 있다. 문제는 청소년들이 이들 '막장 드라마'에 무방비 상태로 노출되고 있다는 점이다. 청소년들은 아직 정체성이 확고하지 않은 상태라서 드라마가 묘사하는 비정상적이고 반사회적인 내용을 여과 없이 학습하고 내면화한다. 뿐만 아니라 이를 모방하고 재현할 가능성도 높다. 많은 청소년 범죄가 드라마의 모방범죄와 관련이 있다는 사실이 이런 위험을 증명하고 있다.

막장 드라마 근절

드라마의 사회적 영향력이 크다는 점, 방송사가 공공성의 책무를 회피한다는 점, '막장 드라마'가 경쟁적으로 방영되고 있는 점 등은 드라마에 대한 사회적 감시가 필요하다는 것을 단적으로 말해준다. 물론 이에 대한 감시가 전혀 없었던 것은 아니다. 시청자 집단, 시민단체, 방송학자, 관계부처 등이 꾸준히 드라마를 감시해왔다. 예를 들면 2013년 방송통신위원회는 '방송심의에 관한 규정'제 25조(윤리성)에 따라 MBC 주말드라마 〈백년의 유산〉에 대하여 비윤리적이라는 이유로 '권고'의 제재를 내렸다. 그러나 이런 정도의 솜방망이 처벌로는 '막장 드라마'가 절대로 근절되지 않는다.

드라마가 우리 사회의 건전한 상식과 문화 배양에 기여하도록 유도하는 데 필요한 것은 바로 '막장 드라마'를 근절하는 것이다. 정부는 이참에 폭력·불륜·패륜 등을 부추기는 '막장 드라마'가 더 이상 발붙이지 못하도록 특단의 조치를 취해야 할 것이다.

15 성매매 권하는 사회

최근 사회지도층을 대상으로 시도된 '성접대 의혹' 사건이 언론을 도배하고 있다. 당국은 이 사건에 연루된 것으로 알려진 관련자 서너 명을 신속하게 출국금지했다. 이번 조치는 사안이 심각했기 때문인 것도 있었지만 그보다는 의혹의 당사자가 도피해서 처벌을 면했던 과거의 관행을 근절하겠다는 새 정부의 의지에서 비롯된 것 같다. 그런 의미에서 보면 당국이 이번 사건을 계기로 하여 내린 신속한 조치는 환영할 만하다. 당국은 이번 사건을 유야무야 끝내지 말고 철저하게 조사해서 한 점 의혹도 남기지 말아야 할 것이다.

물론 성매매는 어제 오늘만의 문제가 아니다. 과거에도 심심찮게 '연예인 성접대', '10대 성매매' 등과 같은 사건이 여론에 등장하곤 했다. 다시 말해 성매매는 우리 사회에 잠복해 있는 고질병인 것이다.

물론 우리 사회가 성매매에 대하여 수수방관만 했던 것은 아니다. 2004년부터 정부는 '성매매관련 특별법'을 제정하여 성매매를 근절하려는 노력을 해왔다. 그럼에도 불구하고 만족할만한 결과를 가져오지 못했다. 미 국무부는 '2006년 국가별 연례보고서'에서 "한국은 분명히 성매매를 불법으로 여기고 있음에도 지금도 성을 사고팔며 퇴폐 마사지가 만연해 있으며 심지어 인터넷을 통한 성매매도 기승을 부리고 있다"고 지적했다.

전문가들은 규제의 법만으로는 성매매를 근절할 수 없다고 주장한다. 강력한 법이 만들어지면, 범죄자들이 이를 피하는 방법을 고안해내거나 음성화하기 때문에 그렇다고 한다. 즉 법적 규제만으로는 성매매를 현실적으로 규제할 수 없다. 이들은 대안을 성문화의 전반적인 변화에서 찾고 있다. 전문가들의 이러한 주장이 설득력을 얻는 데에는 그럴만한 이유가 있다. 그것은 우리 사회가 갖고 있는 독특한 성문화 때문이다.

성문화의 이중구조

먼저 우리 사회는 성매매 규제의 필요성을 절감하지 못하고 있다. 여성부(2007)에 의하면 성매매 처벌에 대한 지지도가 63.3%에 불과하다고 한다. 특히 남성은 불과 47.8%만이 이를 지지하는 것으로 나타났다. 이렇게 낮은 지지도는 남성 중심적 성문화가 사회전반에 뿌리 깊게 자리잡고 있기 때문이다. 전통적으로 우리 사회는 여성에게는 순결과 정절을 엄격하게 요구하는 반면 남성에게는 이에 대하여 매우 관대했다. 이런 성문화의 이중적 구조 때문에 성접대나 성매매가 쉽게 일어나는 것이다.

또한 우리 사회는 성의 상업화에 대하여 상당히 관대한 편이다. 그 결과 성매매가 거의 일상생활의 일부가 되다시피 했다. 특히 마사지 업소, 휴게텔 등과 같은 업소들이 자유 업종으로 분류되면서부터 이러한 현상은 심화됐다. 신고만 하면 영업을 할 수 있기 때문에 이러한 업소들은 주택가, 학교주변 등에 쉽게 파고들었다. 문제는 이 업소들이 성매매의 온상이라는 점이다. 우리는 성매매업소를 옆에 끼고 생활하는 것이나 다름없다. 상황이 그럼에도 불구하고 지자체, 시민단체 등은 소극적 태도를 취하고 있다. 이들의 영업을 막을 법적 근거도 없고 먹고살려고 하는 일인데 나서기가 그렇다는 식이다. 주변에서 일어나는 성의 상업화에 대해서 지금과 같은 미온적인 태도로 일관하는 한 성매매는 앞으로도 일상의 일부가 될 수밖에 없을 것이다.

신종 성매매 등장

마지막으로 지적할 수 있는 것은 우리 사회는 인터넷, 스마트폰 등을 통해서 구축되는 가상공간의 위험성을 간과한다는 점이다. 특히 사이버 공간을 통해서 이루어지는 성매매의 심각성을 염두에 두지 않고 있다. 인터넷과 스마트폰을 이용한 '신종 전자형 성매매'는 시공간의 제약 없이 쉽고 신속하게 이루어질 수 있다. 또한 익명성이 보장될 뿐만 아니라 적발가능성도 매우 낮다. 이러한 속성 때문에 최근 '전자형 성매매'가 빠르게 확산되고 있다. 경찰청(2006)에 의하면 청소년 성매매 사범 172명 중 90%에 해당되는 155명이 인터넷을 통해 이루어진 것이라고 한다. 그럼에도 불구하고 우리 사회는 가상공간을 관리하는 체계적인 대책마련에 아직까지도 미온적이다.

우리 사회가 성문화를 근본적으로 변화시키지 않는 한 성매매는 다양한 형태로 확대 재생산될 것이다. 성매매는 인신매매, 성범죄 등과 같은 사회문제로 발전할 수 있을 뿐만 아니라 황금만능주의, 한탕주의를 조장할 수 있기 때문에 특히 염려가 되는 것이다. 어떤 이유에서도 성매매는 돈벌이나 유희의 도구가 될 수 없다는 점을 인식하는 것이 성매매를 추방하는 중요한 첫걸음이 될 수 있을 것이다. 우리 사회의 지도층을 포함한 모든 성원이 '성매매 권하는 사회'를 변화시켜 나가는데 앞장서야 할 것이다.

16 청소년 자살과 그 대책

최근 실로 많은 청소년들이 삶의 포기라는 극단적인 선택을 하고 있다. 2008년부터 2012년 7월까지 723명의 초중고 학생이 스스로 목숨을 끊었다. 우리 청소년들이 하루걸러 한 명꼴로 자살을 한 셈이다.

더 심각한 것은 자살을 생각하고 있는 청소년들의 수가 이보다 훨씬 많다는 점이다. 청소년 4명 가운데 1명이 자살을 심각하게 생각해본 적이 있다고 한다. 한국청소년정책연구원(2011)에 의하면 최근 1년간 자살에 대해 생각해본 청소년 비율은 전체 조사 대상자 중 23.4%에 달했다. 이 가운데 14.4%는 실제로 자살을 시도한 경험이 있다.

안타깝고 염려스러운 상황이 우리 청소년들 사이에서 벌어지고 있는 것이다. 청소년 자살률(인구 10만 명당 자살자)이 지난 10여 년간 해를 거듭할수록 증가했다. 2000년 6.3명이었던 것이 2010년에는 8.3명으로 높아졌다. 이렇게 상승하는 청소년 자살률은 근본적인 대책이 마련되지 않는 한 앞으로도 지속될 것 같다.

청소년 자살을 예방할 수 있는 대책 마련을 위해서 무엇보다 자살의 원인에 대한 철저한 분석을 해야 한다. 자칫 미흡한 분석으로 자살원인을 성격적 결함이나 충동적 선택 등과 같은 제한된 영역에서 찾게 된다면 우리가 애써 마련한 대책이 무용지물이 될 수 있다.

인간관계가 초래하는 스트레스

이 점과 관련해서 우리는 전문가 진단에 관심을 두어야 할 것이다. 전문가들에 의하면 청소년 자살의 주요 변수는 학업이나 성적일 것이라는 어른들의 예상과 달리, 부모나 친구 등 주변인과의 관계 즉 인간관계가 유발하는 스트레스라고 한다.

2012년 교육과학기술부가 발표한 자료도 청소년 자살의 원인에 대한 철저한 규명이 선행되어야 한다는 점을 뒷받침하고 있다. 즉 2008년부터 2012년 7월까지 자살한 723명의 초중고교 학생 가운데 11.6%(84명)만이 성적 비관을 이유로 목숨을 끊었다. 절반이 넘는 52.3%(378명)은 성적과는 무관하게 가정불화나 세상살이에 대한 비관 등의 이유로 극단적인 선택을 했다.

사회사상가인 뒤르껭(Durkheim)은 〈자살론Suicide〉이라는 저서에서 자살을 개인차원이 아닌 사회구조 차원에 입각하여 설명할 때 올바른 이해가 가능하다고 했다. 그에 의하면 자살은 개인의 선택에 의해 이루어지는 것이 아니라 '사회적 압력(social pressure)'에 의해 강요된 선택인 것이다. 즉 자살은 사회적 결과에서 유발되는 것이다.

10대가 가정문제나 집단따돌림 때문에 대학졸업자들이 구직난이나 경제적 어려움 때문에 자살을 시도한다는 사실은 자살의 원인 규명을 사회구조적인 차원과 맞물려 시도해야 한다는 점에서 그 설득력을 더해준다. 다시 말해 청소년들은 그들이 사회에 완전하게 통합되지 못했을 때 자살할 수밖에 없는 상황에 처하게 되는 것이다. 이제 우리는 청소년들이 자살하는 이유를 규명하고자 할 때 사회구조적인 차원으로 눈을 돌려야 할 것이다.

청소년 자살예방 프로그램 가동

최근 들어 청소년 자살방지 대책에 관한 논의가 종합적이고 체계적으로 이루어지기 시작했다. 반가운 변화가 아닐 수 없다. '투명사회를 위한 정보공개센터' 관계자의 한마디가 청소년 자살 방지대책의 방향을 명료하게 제시해 주고 있다. 그에 의하면 청소년들은 어른들이 규정한 제도와 체제에서 교육을 받고 관계를 맺고 생활을 해야 한다는 것이다. 이런 지적은 청소년들이 삶 대신에 자살을 선택하는 것은 이런 제도와 체제에 심각한 문제가 있다는 점을 의미한다. 비록 청소년 자살의 원인은 다양할지라도 그 원인들은 소외와 폭력 문화로 대별될 수 있다. 따라서 우리 사회는 청소년들에게 죽음을 강요하는 소외와 폭력 문화를 해소하기 위해 앞으로 많은 노력을 해야만 한다.

지난 대선 당시 각 정당의 후보들은 경쟁적으로 청소년 자살예방을 위한 대책을 제시한 바 있다. 박근혜 후보도 교사가 학생에게 집중할 수 있는 환경조성, 학교 밖 위기학생 보호를 위한 안전망 구축, 교사 상담능력 강화, 상담교사와 지역사회의 연계를 통한 사례관리 시스템 구축, 부모교육, 또래관계 회복 위한 방과후 지원프로그램 강화 등을 약속한 바 있다.

박근혜 정부는 청소년 자살이 병든 미래의 징후라는 점을 인식하고 있으며 또 이를 공약으로 제시한 것처럼 이와 관련한 종합적 대책을 마련해서 우리의 우려를 불식시켜 주기 바란다. 우리는 정부가 추진하는 정책의 실현을 기대한다.

17 청소년의 진로지도

지난 1월 27일 교육과학기술부는 '2012 학교진로교육 지표조사' 결과를 발표했다. 교과부가 최초로 실시한 이번 조사는 전국 학부모(고1) 1,432명과 초중고 2만4126명의 학생을 대상으로 지난 10월부터 2주간 진행됐다. 이 조사결과는 우리 사회의 장래를 예측할 수 있는 단서를 제공하는 것이라서 교과부가 발표를 하기 이전부터 사회적 관심을 받았다.

조사결과에 의하면 부모가 자녀의 진로설정에 영향을 가장 많이 미치는 것으로 나타났다(46.6%). 이러한 사실은 부모와 자녀가 바라는 직업이 47.3%나 일치하는 점을 통해서 확인되고 있다. 또한 학생들은 안정성과 경제적 측면을 우선적으로 고려하여 진로를 결정하는 것으로 나타났다. 이러한 사실은 이들이 공무원(19.7%), 교사(17.9%), 의사(8.4%), 간호사(4.4%) 등의 순으로 직업선호도를 보였다는 점을 통해서 확인됐다. 마지막으로 학생들은 기성세대 못지않게 물질주의에 빠져있는 것으로 나타났다. 이점은 인생에서 추구하고 싶은 것이 무엇이냐는 질문에 대하여 응답자 상당수(52.5%)가 '돈'이라고 답했다는 사실을 통해 확인됐다. 특히 학년이 올라갈수록 '돈'을 선택하는 비중이 늘어나는 것으로 밝혀졌다.

이번 조사결과는 교육당국은 물론 청년기 사회화를 담당하는 유의미한 타자들 특히 부모, 교사, 언론 등이 청소년을 지도함에 있어서 그 접근방법을 변화시켜야 할 것을 암시하고 있다.

통합적인 진로지도

먼저 자녀의 진로지도는 자녀세대의 시대논리에 입각해서 이뤄져야 할 것이다. 그 이유는 자녀들이 주인이 될 세상은 부모들이 주인이었던 세상과는 질적으로 다르게 될 것이 분명하기 때문이다. 특히 정보사회가 진보속도를 더하게 되면 더욱 그럴 것이다. 부모세대에게 사회적 위광과 부를 제공했던 직업이 자녀세대에는 아주 하찮은 직업이 될 수 있다. 부모와 자녀가 선호하는 직업이 47.3%나 일치한다는 점은 부모가 순종하는 자녀를 두고 있다는 점에서 보면 긍정적일지 모르지만 미래지향적 관점에서 보면 아주 부정적인 결과이다. 부모의 역할은 자녀에게 미래사회의 진화방향과 성격을 이해시키고 자녀에게 스스로 진로를 설계하도록 기회를 제공하는 것에 그치는 것이 좋다.

둘째, 청소년의 진로지도는 국가의 백년대계와 연결시켜서 이루어져야 할 것이다. 특히 '지구촌시대'의 주역이 지금의 청소년들이 될 것이라는 점을 인식한다면 더욱 그래야 할 것이다. 이들은 앞으로 세계를 상대해야 할 주역들인데 관심을 국내의 안정적인 직업에 한정하게 되면 이들은 국제경쟁력을 상실하게 된다. 물론 공무원, 교사, 의사도 우리 사회에는 필요한 사람들이다. 하지만 '스티브 잡스'나 '빌 게이츠'와 같이 도전정신과 기업가 정신으로 무장된 과학자, 사업가도 우리 사회는 필요로 한다. 머리 좋고 능력 있는 청소년들이 비즈니스 스쿨보다는 로스쿨로, 과학자의 길보다는 의사의 길로 몰려드는 것을 염려하는 이유도 바로 여기에 있다. 우리에게 중국이 두려운 상대인 이유는 대국이라서가 아니라 많은 인재들이 과학자나 사업가를 목표로 하고 있기 때문인 것이다. 청소년의 진로지도를 할 때 기성세대는 말이 아닌 실천을 하는 '도전성'을 강조해야 할 것이다.

배금주의 만연

셋째, 청소년의 진로지도를 할 때 기성세대는 배금주의를 각별히 경계해야 할 것이다. 교육과학기술부에 의하면 나이 어린 초등학생들조차도 배금주의에 함몰돼 있다고 한다. 한 예로 초등학생들이 연예인(여학생)이나 운동선수(남학생)를 꿈꾸는 이유는 이들이 많은 돈을 벌기 때문이라고 한다. 배금주의가 얼마나 깊숙이 만연해 있는가를 보여주는 것 같아 뒷맛이 개운치 않다. 돈이 되면 무엇이든지 할 수 있다는 생각은 실로 위험한 발상이다. 우리 사회에서 부정부패가 독버섯처럼 번지고 있는 것도 바로 이런 연유와 무관치 않을 것이다. 그렇기 때문에 기성세대는 청소년을 지도할 때 일확천금의 행운을 거머쥔 운동선수나 연예인의 스토리보다는 평생을 가난하게 살면서도 발명가의 꿈을 포기하지 않았던 과학자의 스토리를 더 많이 언급해야 한다. 실패한 아이디어를 존중했던 3M 문구회사의 이야기를 소개하는 것이 '해리 포터' 시리즈 하나로 성공한 조앤 케이 롤링(Joanne K. Rowling)의 이야기를 들려주는 것보다 훨씬 값진 이유도 여기에 있다.

새로 출범하는 박근혜 정부는 교육과학기술부를 개편하여 부처의 교육기능을 대폭 강화하는 한편 '학교진로교육 지표조사'를 매년 실시해 그 결과를 정책에 반영할 것이라고 한다. 이참에 교육당국은 청소년 진로지도의 세부계획을 철저히 세워 청소년들이 올바른 미래설계를 할 수 있도록 해야 할 것이다. 또한 이러한 계획이 성공적으로 정착할 수 있도록 청소기 사회화의 주요 담당자인 부모, 교사, 언론 등의 협조도 적극 구해야 할 것이다. 이번 정부가 성공적인 청소년 진로지도를 통해 대한민국의 미래를 탄탄대로에 올려놓기를 바란다.

18 황혼이혼과 부엌일

JTBC 주말드라마 〈무자식 상팔자〉가 종편 프로그램 가운데 5% 이상의 높은 시청률을 기록했다. 여러 프로그램이 1%대의 시청률을 넘지 못하는 현실에서 이 드라마가 5% 이상의 시청률을 기록한 데에는 작가가 '언어의 마술사'인 김수현 작가라는 점, 드라마의 구성이 탄탄하게 이루어진 점 등과 같은 여러 가지 이유가 있을 수 있다.

필자가 보기에 시청자들이 TV 앞으로 몰려드는 것은 이 드라마의 사회성 때문인 것 같다. 특히 이 드라마는 노인문제, 고부갈등, 노후대책, 명퇴, 황혼이혼, 혼전출산, 이혼 등과 같은 사회적으로 이슈가 되는 문제들을 소재로 해서 드라마 내용을 현실감 있게 전개하고 있으며 이를 마치 나의 문제인 것처럼 느끼도록 표현해낸다. 인상적인 드라마 제작 수법이다. 무엇보다도 등장인물간의 갈등이 극적으로 해소되는 과정은 연기자의 리얼한 연기력이 더해지면서 시청자의 몰입을 얻어내기에 충분하다.

이 드라마의 핵심 이슈 가운데 하나가 바로 '황혼이혼'이다. 황혼이혼은 우리 사회에서 새롭게 등장하는 이슈다. 〈무자식 상팔자〉에서 둘째인 희명(송승환 분)은 중견기업 상무로 재직하다 퇴직한 후 아내와 전원생활을 시작한다. 아내와 24시간을 함께 하면서 그는 전혀 새로운 상황을 경험하게 된다. 직장을 다니는 동안 묵묵히 자신을 내조해왔던 아내와 의견이 충돌하면서 그는 당황하기도 하고 심리적으로 위축되기도 한다.

드라마에서 희명은 항상 자신을 사회모범생, 모범가장이라고 생각하고 살아왔기 때문에 그에 비례해서 노년기의 새로운 삶에 대한 회의와 절망감을 크게 느낀다. 그는 한순간에 위축된 자신의 지위와 역할 때문에 좌절감을 갖는다. 그는 가출을 시도하고 결국 이혼을 고려하게 된다. 희명은 가부장적인 가장의 자리에서 '이 시대의 고개 숙인 아버지'로 추락하는 현실을 경험한다.

황혼이혼 증가세

〈무자식 상팔자〉가 다루는 황혼이혼의 비율이 우리 사회에서는 매년 큰 폭으로 증가하고 있다. 2006년에 19.1%이던 것이 2010년에는 23.8%로 높아졌다. '2012년 사법연감'에 따르면 올해 들어 결혼생활을 20년 이상 지속한 중·장년층 부부의 이혼비율이 역대 최고치를 기록했다고 한다. 이들의 이혼건수는 전체 이혼건수(11만4284쌍)의 24.8%(2만 8299건)나 되었다.

황혼이혼은 주로 50대 이후에 이루어진다. 황혼이혼이 이루어지는 이유는 여성들이 자녀양육으로부터 해방되기 때문이다. 다시 말해 아내는 젊어서 남편에게 불만을 느껴도 자녀양육이 걸려 있어서 참고 살지만 자녀가 성장한 후에는 더 이상 참지 않는다고 한다. 그렇기 때문에 일부 전문가들은 황혼이혼을 가부장적 사회구조가 지배하는 사회 특히 한국과 일본에서 나타나는 특수한 현상으로 인식하고 이를 '왜곡된 성역할의 산물'로 이해한다.

드라마 〈무자식 상팔자〉에서 희명은 아내와 불화를 겪으면서 아내가 밥을 차려주지 않자 어쩔 수 없이 주방에서 혼자 라면을 끓여먹기도 한다. 드라마에서처럼 실생활에서 많은 남성들은 주방용품이 어디에 있는지를 모를 만큼 부엌 공간과는 동떨어진 존재이다. 가부장적 사회는 오직 여성, 아내만을 가사노동의 전담자로 훈련시키기 때문에 그렇다. 반면 남성, 남편은 부엌 공간에서는 완벽한 이방인, 의존적인 존재로 남도록 성역할을 분담한다.

양성평등을 지향하는 미국 사회에서는 가사분담과 관련해서 남녀차별이 비교적 낮은 편이다. 그 이유는 미국사회가 가사노동 특히 부엌일을 배우는 과정에서 양성평등 문화를 자연스럽게 정착시키기 때문이다. 미국 부모들은 어려서 때부터 성과 무관하게 부엌일을 배우도록 자녀들을 지도한다. 아이들은 부엌에서 부모가 재료를 다듬고 요리하는 것을 지켜보기도 하고 또 이를 거들기도 한다. 아이들에게 생활의 일부로 부엌일을 가르치는 미국 부모는 "아들이 앞치마를 두르면 보기 싫다"고 하면서 아들의 부엌일을 금기시하는 한국 부모와는 대조를 이룬다.

성역할의 의식변화

미국 부모가 성구별 없이 자녀에게 부엌일을 가르치는 것은 이들이 부엌일에 부여하는 생존가치(survival value)와 무관치 않다. 이들은 요리를 생존의 기본행위로 인식하고 있다. 먹어야만 살기 때문이라는 것이다. 먹는 것은 성과 무관한 셈이다. 그렇기 때문에 미국인이 부엌일에 부여하는 가치는 한국 사회의 성역할 의식과는 차원이 다르다. 부엌 밖에서 성장하고 활동한 남성들은 가사노동에서 해방되는 대신 자신의 생존을 아내의 손에 맡기는 결과를 초래하게 된다. 또한 이들은 황혼이혼과 함께 정서적인 황폐화를 경험하는 것은 물론 홀로 살아가는 방법까지도 새로 습득해야 하는 위기를 맞게 되는 것이다.

남편이 '부엌일은 아내의 것'이라는 성역할 고정관념을 떨쳐버릴 때 황혼이혼이라는 아내의 반란은 줄어들 것이다. 또 황혼이혼으로 인해 남편의 생존이 위협받는 위기도 감소할 것이다.

19 신세대와 블루오션 전략

요즈음 대학에 다니는 신세대 학생들은 80년대에 대학을 다니던 선배들과 비교하면 많은 면에서 대비가 된다. 물론 개인차가 있기는 하겠지만 신세대 학생들은 선배들이 상상도 못했던 풍요를 누리고 있다. 자가용으로 등하교를 하는가 하면 점심은 입맛에 맞는 걸로 식당에서 시켜 먹는다. 어디 그 뿐인가. 입고 다니는 옷은 패션미가 넘치면서도 개성을 드러내주는 것들이다. 우중충한 옷을 걸치고 점심도시락을 꿰차고 만원버스에 시달리면서 학교를 다니던 80년대 학생들에게 이런 것들은 상상도 할 수 없었던 것이었다.

신세대 학생들은 이와 같은 물질적 풍요를 누리고 있지만 80년대 학생들보다 더 행복한 것 같지는 않다. 80년대 대학생들은 물질적 풍요를 누리지 못했지만 미래에 대한 희망으로 가슴 벅차했다. 80년대만 하더라도 한국경제가 성장기인 탓에 일자리는 지속적으로 창출됐다. 따라서 본인이 노력하면 자신이 원하는 직장을 얼마든지 구할 수 있었다. 노력의 결과를 확신할 수 있었기 때문에 이들은 대학생활의 낭만도 즐겼을 뿐만 아니라 전공 이외의 다양한 지식도 축적할 수 있었다. 한마디로 그들은 가난했지만 정신적으로는 풍요로웠다.

규모의 경제

80년대의 상황은 직장을 놓고 피 튀기는 경쟁을 치르는 신세대 학생들에게는 전설처럼 들리지도 모른다. 신세대 대학생들이 직장을 구하는 것이 노력의 결과이기보다는 행운의 결과인 세상에 살기 때문에 그렇다. 오죽 했으면 '직장을 구할 수 있으면 영혼이라도 판다'는 말이 호사가들의 입에 오르내리겠는가.

세상이 달라졌으면 거기에 맞는 대응을 하는 것이 생존을 위해서 필수적인 선택이다. 80년대 선배들은 '규모의 경제(economics of magnitude)'가 지배는 세상 즉 효율성 경쟁에서 이겨야만 생존하는 무한경쟁의 레드오션(red ocean)에서 살았다. 다시 말해 노력해서 남보다 더 많은 지식을 갖고 있으면 살고 그렇지 못하면 도태됐다. 하지만 신세대 대학생들은 경쟁을 통해 미래를 개척하는 것을 쉽게 용인하지 않는 세상을 살고 있다. 나만 미래의 승리자가 되기 위해서 노력하는 것이 아니라 상대도 나를 이기기 위해 피나는 노력을 한다. 부모의 경제여건도 예전보다 좋아서 시간도 비용도 더 많이 투자할 수 있다. 그 결과 경쟁은 치열해지고 승리는 노력보다 운에 의해 더 많은 영향을 받게 됐다. 이런 전대미문(previously unknown)의 세상에서 살아남기 위해서는 과거의 사고를 과감히 버리고 새로운 사고를 수용하는 것이 필요하다. 즉 경쟁을 이겨서 생존하려고 하는 레드오션의 사고를 버리고 공급독점을 통해 자신의 가치를 최대화시키는 블루오션(blue ocean)의 사고로 무장해야 한다.

성공하는 삶

블루오션 전략은 경쟁이 없는 영역을 찾아 그 곳에서 자신이 1인자가 되는 준비를 하고 자신의 능력을 최대한 발휘하는 것을 말한다. 예를 들어 외국어를 잘하면 성공할 수 있다고 하면서 영어공부를 하는 것이 바로 레드오션적 사고다. 그 이유는 우리 사회에는 대다수가 영어공부를 열심히 하고 있으며 또 잘하는 사람이 수없이 많기 때문에 경쟁에서 이길 확률은 아주 낮기 때문이다. 외국어를 준비하는데 영어 대신 소말리아어를 준비하는 것은 블루오션전략에 해당한다. 대한민국에 과연 몇 명이나 소말리아어를 공부하고 있을까? 조금만 노력해도 국내 1인자가 되는 것은 어렵지 않을 것이다. 글로벌 시대에 삼성, 현대, LG, 혹은 다른 글로벌 기업이 소말리아에 진출하려고 소말리아어를 할 줄 아는 사람을 찾게 되면 나 이외에 또 누가 있을까? 이것은 가상적인 예다. 하지만 신세대 대학생들이 블루오션전략을 미래를 설계하고 준비하는데 잘만 활용한다면 성공적인 삶을 약속받을 수 있을 것이다. 재학기간 동안 경쟁이 제한되어 있지만 사회가 꼭 필요로 하는 영역을 찾아내서 그 영역에 필요한 지식을 축적해둔다면 신세대 대학생들도 미래에 대한 두려움이 없는 대학생활을 할 수 있을 것이다. 지금부터라도 블루오션을 찾아 나서기 바란다.

성적 소수자 관련 '인권보도준칙'

1. 언론은 성적 소수자에 대해 호기심과 배척의 시선으로 접근하지 않는다.
   가. 성적 소수자를 비하하는 표현이나 진실을 왜곡하는 내용, '성적 취향' 등 잘못된 개념의 용어 사용에 주의한다.
   나. 성적 소수자가 잘못되고 타락한 것이라는 뉘앙스를 담지 않는다.
   다. 반드시 필요하지 않을 경우 성적 지향이나 성 정체성을 밝히지 않는다.
   라. 성적 소수자에 대해 혐오에 가까운 표현을 사용하지 않는다.

2. 언론은 성적 소수자를 특정 질환이나 사회병리 현상과 연결 짓지 않는다.
   가. 성적 소수자의 성 정체성을 정신질환이나 치료 가능한 질병으로 묘사하는 표현에 주의한다.
   나. 에이즈 등 특정 질환이나 성매매, 마약 등 사회병리 현상과 연결 짓지 않는다.

(한국기자협회·국가인권위원회 제정)

〈출처〉 한국언론진흥재단(2014). 언론인이 알아야 할 취재보도 가이드

20 언론과 모방범죄

최근 '납치강도', '묻지마 살인' 등과 같은 흉악범죄가 기승을 부리면서 언론은 거의 매일 폭력이나 범죄와 관련된 사건사고를 다루고 있다. 뿐만 아니라 폭력이나 범죄를 소재로 한 드라마나 다큐멘터리도 인기를 크게 얻었다.

언론은 '환경감시기능'을 갖기 때문에 적극적으로 폭력물이나 범죄물을 다룸으로써 폭력 없는 사회를 만드는데 앞장설 수 있다. 또한 폭력물을 소재로 제작되는 드라마는 경쟁사회에 지쳐가는 현대인을 대리만족시키거나 카타르시스를 경험케 함으로써 스트레스를 해소하는데 기여할 수 있다.

언론은 폭력이나 범죄를 다룰 때 신중에 신중을 기할 필요가 있다. 그것은 언론이 폭력을 보도하거나 범죄물을 다룰 때 상업성의 함정에 빠지기 쉽기 때문이다. 다시 말해 언론은 구독률이나 시청률에서 자유롭지 못하기 때문에 범죄나 폭력물을 다룰 때 극적으로 상황을 묘사하는 선정적인 보도태도에 함몰될 수 있다.

최근 언론보도가 선정성을 더해 가면서 모방범죄가 늘고 있다. 경찰청(2011)에 의하면 범죄(181만 5233건)의 약 1.1%(1만 9545건)은 호기심에서 비롯된 것이었는데 이 호기심의 원천은 언론보도라고 한다.

모방범죄의 심각성

2001년 부산의 한 고등학생은 영화 〈친구〉를 본 후 같은 반 친구를 칼로 살인을 저질렀고 2004년 유영철은 영화 〈양들의 침묵〉을 모방해 여성 20명을 연쇄 살해한 바 있다. 그 외에도 사회면 기사를 스크랩하고 영화와 소설을 토대로 알리바이를 만들고 13명의 연쇄 살인을 저질렀던 정남규(2006)사건, 부유층 자녀를 납치한 후 영화 〈그놈 목소리〉를 모방해 10시간 만에 산채로 유수지에 버린 인천 박군살인 사건(2007), '야동'에 빠져서 초등학생을 학교에서 납치해 성폭행한 김모군 사건(2010) 등이 발생했다. 즉 언론의 범죄가 현실범죄로 재현된 것이다.

전체 건수나 그 수법의 잔인함을 고려해 볼 때 언론을 모방한 범죄는 이미 우려할 만한 수준에 이르렀다. 염려가 되지 않을 수 없다.

물론 모방범죄는 우리만의 문제는 아니다. 미국사회도 모방범죄로 몸살을 앓고 있다. 최근 발생했던 영화 〈다크 나이트 라이즈〉를 모방한 미국 콜로라도주 오로라시 극장의 총격사건, 〈택시 드라이버〉의 영향을 받아서 기도된 레이건 대통령의 저격미수 사건, 〈머니 트레인〉의 주인공을 흉내 낸 뉴욕지하철 승차권 매표소 화재사건, 〈아메리칸 사이코〉와 〈양들의 침묵〉을 모방한 살인사건, 〈매트릭스〉를 모방한 부모 살해사건 등 그러한 예가 적지 않다.

언론의 선정적이고 퇴폐적인 폭력물에 노출되면 될수록 수용자들은 가상의 폭력을 실제 상황으로 착각할 수 있다. 사회적 학습이론을 제시한 반두라(Bandura)에 의하면 우리들은 영화나 TV의 모델링 과정을 통해서 태도와 감정반응, 새로운 행동양식 등을 획득한다고 한다. 다시 말해

TV속 폭력은 현실폭력으로 이어질 가능성이 크다는 이야기다. 이러한 가능성은 특히 아동이나 청소년 계층에게서 두드러진다. 그 이유는 아동이나 청소년이 TV에서 제공된 폭력에 쉽게 빠질 뿐만 아니라 이를 삶의 지침이나 전략으로 인식하는 경향이 높기 때문이다.

미디어교육의 필요성

TV, 영화 등의 폭력물에 노출된 수용자들은 가해자를 모델링할 뿐만 아니라 폭력기법, 경험, 느낌 등을 간접적으로 체험하고 대리만족을 경험하게 된다. 특히 TV가 제공하는 폭력과정을 여과 없이 수용함으로써 폭력에 대한 정당성을 부여하게 된다. 즉 '학습의 장'인 TV를 통해서 폭력을 배우고 폭력의 규범을 수용하며 등장인물의 행위를 모델화하게 된다. 이러한 학습효과는 특히 감수성이 예민한 아동이나 청소년 계층, 사회적 소외 계층, 문제아 등에서 뚜렷하게 나타난다. 또 하루 4시간 이상 매체의 폭력물의 수용하는 사람들(heavy viewer)에게서 모방효과가 더 크게 나타날 수 있다.

언론은 범죄현실을 고발하고 수용자들에게 경각심을 갖게 하는 환경감시자의 틀 속에서 폭력이나 범죄물을 다룬다. 그러나 그 전달방식이 상업성과 맞물리면서 점점 더 선정적으로 흐르고 있다. 언론의 폭력물 제작 가이드라인이 마련되어야 할 것이다. 이와 더불어 수용자 특히 청소년의 모방범죄를 줄이기 위해서 미디어 교육을 체계화할 필요가 있다. 행정안전부(2012)는 전국 청소년 1만 2000명을 대상으로 조사했는데 100명 가운데 6명은 성인물을 본 후 '성폭력' 욕구를 느꼈다고 한다. 이는 주목해야 할 우리의 현실이다.

21 성폭력과 언론의 선정성

최근 아동을 대상으로 한 성폭력 사건들이 언론에 자주 등장한다. 물론 우리 사회에 성폭력이 어제 오늘만 있었던 것은 아니지만 아동을 대상으로 한 극악한 성폭력 범죄율이 빈도를 더해가고 있어서 사회적 불안감이 커지고 있다. 여간 염려가 되는 것이 아니다.

정부도 2006년부터 성폭력을 5대 폭력의 하나로 간주하고 이에 대비하고 있지만 그 대책이 별 효과를 발휘하지 못하고 있다. 정부가 강력한 대응책을 내놓았던 2006년에 아동을 대상으로 한 성폭력이 772건이나 발생했다. 정부가 후속 조치들을 내놓고 있음에도 불구하고 그 실효성은 크지 않다. 예를 들면 2008년에 1,005건, 2010년 1,105건 등 발생건수가 전혀 줄어들 기미를 보이지 않는다. 우리 사회가 아동을 대상으로 발생한 성폭력사건을 신고하는 것을 극히 꺼려한다는 점을 감안한다면 현실은 더 심각한 수준일 것이다.

언론의 사회적 역할

성폭력에 대한 경각심을 높이고 이를 사회문제로 부각시키는 과정에서 언론이 적극적인 역할을 수행할 필요가 있다. 그 이유는 언론이 사회의 '창문' 혹은 '거울'로서 뉴스를 선택하여 보도할 수 있는 기능을 갖기 때문이다. 물론 언론이 이러한 역할을 하는 것을 기피했던 것은 아니다. 일부 언론은 사회적 소임을 다하려는 태도를 보여 왔다.

특히 성폭력을 중점적으로 보도함으로써 언론은 이를 사회적 이슈로 여론화시킨 바 있다. 예를 들면, 〈김부남〉 사건을 통해 성폭력이 얼마나 일상적으로 발생하는가를, 〈김보은〉 사건을 통해 근친에 의한 성폭력이 얼마나 심각한 수준인가 등을 기사화함으로써 언론은 성폭력을 사회적 관심사로 부각시켰다. 여기에 〈조두순〉, 〈김길태〉 사건 등을 보도함으로써 언론은 성폭력과 관련된 법령을 정비하는 데에도 일조했다.

이러한 기여에도 불구하고 최근 언론은 성폭력 사건을 보도하는 방식이나 형식 때문에 비판을 받고 있다. 언론은 '떼거리 저널리즘' 혹은 '냄비 저널리즘'에서 벗어나지 못하고 있다고 한다. 예를 들면, 아동성폭력의 심각성이 대두되기 전이었던 2007년에는 아동성폭력 보도건수가 불과 100건~200건에 지나지 않았다. 하지만 김길태 사건이 발생한 2009년 이후 보도건수는 10배나 증가했다. 2012년 언론은 이러한 '떼거리 저널리즘'의 행태를 극명하게 보여주었다. 예컨대 〈MBC 뉴스데스크〉는 38개 리포트 가운데 20개 꼭지를 성폭력 뉴스로 채웠다.

언론의 선정성

특정 기간에 성범죄를 집중적으로 보도하는 것은 언론의 사건 지향적인 특성과 무관치 않다. 다시 말해 언론은 성폭력사건을 경찰발표, 즉 팩트(fact)에 집중하여 스트레이트 기사로 처리하기 때문에 많은 건수를 다룰 수 있지만 원인을 분석하거나 파급효과, 대책 등을 심층적으로 다룰 수 없게 된다. 이러한 보도 특성은 성폭력사건을 가해자와 피해자 중심의 단순사건으로 변질시킬 수 있는 문제점을 낳는다. 즉 언론이 성폭력 사건을 사회적으로 문제가 되는 중대범죄가 아니라 단순한 강력사건으로 탈색시킬 수 있다는 것이다.

성폭력 보도의 또 다른 문제는 바로 언론의 선정성이다. 성폭력 보도는 통상적으로 선정적인 제목을 달거나 자극적인 내용을 담는다. '악마들의 소굴마다 아동포르노 있었다(국민일보, 2012.9.3)', '성폭력 피해학생 더 있다(KBS, 2012.3.8)' 등이 바로 그런 예이다. 이와 같은 보도들로 인해서 언론은 사건의 선정적인 묘사에 치중함으로써 성폭력 사건을 흥밋거리로 변질시킬 수 있다. 일부 언론은 어린이 일기장을 공개하고 피해자의 신체부위를 노골적으로 묘사하여 문제가 되기도 했다. 나아가 이러한 선정적 보도는 오보로 이어질 가능성이 높기 때문에 언론은 이를 경계해야 필요가 있다. 최근 조선일보가 성폭력사건을 보도할 때 피의자가 아닌 시민의 사진을 올려서 물의를 일으킨 것도 바로 선정적인 접근에 집착함으로써 야기된 것이었다.

언론은 더 이상 아동성폭력 사건을 이익을 챙기기 위한 장삿속으로 접근해서는 안 될 것이다. 언론이 이것을 심각한 사회문제로 부각시키고 이를 차단할 수 있는 장기적인 대안을 마련하는 역할을 수행할 때 수용자들은 언론에 대해 무한한 신뢰를 부여할 것이다. 다행스러운 일은 일부 언론인들이 나서서 성폭력 보도의 선정성에 대한 자성의 목소리를 내고 성범죄 보도 가이드라인을 만들었다는 점이다. 우리 모두 언론의 이러한 변화에 대해서 주목할 것이다. 기대되는 바가 크다.

성폭력 사건보도 가이드라인

▸ 잘못된 통념 벗어나기

• 언론은 '성적 자기결정권의 보호'라는 성폭력 범죄의 보호법익에 충실한 관점에서 사건을 바라보도 보도하여야 한다.

• 언론은 성폭력 범죄의 원인이 일부 개인의 정신적 병리현상이나 절제할 수 없는 성욕구에만 있는 것이 아니라 잘못된 성인식과 양성불평등 문화 등 사회문화적 구조에도 있다는 것을 유념해야 한다.

• 언론은 성폭력 범죄가 낯선 사람에 의하여 우발적으로 발생하는 경우보다 아는 관계에서 사회경제적 지위, 권력관계를 이용하여 이루어지는 경우가 더 많다는 것을 이해하여야 한다.

• 언론은 성폭력이 여성의 순결을 훼손한 일, 치유되거나 극복될 수 없는 피해라는 사회적 편견에 기초한 보도를 지양하여야 한다.

• 언론은 성폭력 범죄가 피해자의 잘못된 처신으로 발생하였다거나 피해자가 범죄에 빌미를 제공하였다고 인식될 수 있는 보도를 지양하여야 한다.

▸ 피해자보호 우선하기

• 언론은 경쟁적인 취재나 보도 과정에서 피해자나 가족에게 심각한 2차 피해를 줄 수 있다는 사실을 명심하여야 한다.

• 언론은 피해자의 신원이 노출될 수 있는 이름, 나이, 주소 등의 신상정보를 공개하지 않아야 함은 물론, 보도내용 중 근무지, 경력, 가해자와의 관계, 주거 지역 등 주변정보들의 조합을 통해서도 피해자의 신원이 노출될 수 있다는 점에 주의하여 보도에 신중을 기하여야 한다.

• 언론은 피해자의 피해 상태를 구체적으로 자세하게 묘사함에 있어 피해자 사생활의 비밀이 침해되지 않도록 주의하여야 한다.
• 언론은 사회적으로 이슈가 된 사건이라고 해서 피해자나 가족의 사생활이 국민의 알권리의 대상이 되는 것은 아니라는 점을 유념하여야 한다.

▸ 선정적, 자극적 지양하기
• 언론은 성폭력 사건과 무관한 피해자의 취향, 직업, 주변의 평가 등 사적 정보를 보도하지 않는 것을 원칙으로 하여야 한다.
• 언론은 성폭력 범죄를 선정적이고 자극적인 이야기 소재로 다루는 것을 지양하여야 한다.
• 언론은 성폭력 범죄의 범행 수법을 자세하게 묘사하는 것을 지향해야 하고 특히 피해자를 범죄 피해자가 아닌 '성적 행위의 대상'으로 인식하게 할 수 있는 선정적 묘사를 하지 않아야 한다.
• 언론은 가해자의 사이코패스 성향, 비정상적인 말과 행동을 지나치게 부각하여 공포심을 조장하고 혐오감을 주는 내용의 보도를 하지 않아야 한다.

▸ 신중하게 보도하기
• 언론은 가해자나 피해자가 일방적으로 주장하는 내용이 마치 확정된 진실인 것처럼 오인될 수 있는 보도를 하지 않도록 주의하여야 한다.
• 언론은 수사기관으로부터 얻은 정보라 하더라도 그 내용을 공개하는 것이 필요한지 그리고 적절한지 판단하여 보도에 신중을 기하여야 한다.

▸ 성폭력 예방 및 구조적인 문제해결에도 관심가지기

- 언론은 피해자 보호 제도나 관련 법률 정보, 성폭력 예방 프로그램 소개 등 성폭력 예방 및 피해 구제를 위한 내용도 적극적으로 보도하여야 한다.
- 언론은 성폭력 범죄나 사건자체에 대한 관심을 넘어 성폭력 범죄를 유발하거나 피해를 확산하는 사회구조적인 문제에도 주목하여 보도하여야 한다.
- 언론은 성폭력 사건의 발생 초기에만 집중하지 않고 성폭력 피해 이후, 피해의 회복이나 치유 과정, 제도의 개선 노력 등에도 관심을 가지고 지속적으로 보도하여야 한다.

성폭력 사건보도 실천요강

〈취재시 주의사항〉

1. 피해자의 사생활 비밀과 자유를 보호하여야 한다.
   - 낯선 사람의 접근만으로도 일상적 심리의 평온이 깨지고, 불안함을 느끼는 피해자의 심리상태를 먼저 이해하여야 한다.
   - 이슈가 된 사건의 피해자라고 해서 사생활 영역까지 국민의 알 권리의 대상이 되지 않아야 한다.
   - 피해자의 가족, 주변인을 몰래 촬영해서는 안 되고, 피해자의 거주지나 직장 내·외부를 촬영하거나 촬영할 목적으로 사적공간에 침입해서는 안 된다.
   - 피해자의 사적 내용이 담긴 기록물(일기, 유서, 편지, 사진, 생활기록부)을 직접 촬영하거나 공개하지 않아야 한다.

2. 피해자 및 가족 등 관련자를 인터뷰할 때는 다음의 원칙을 지켜야 한다.
   - 피해자나 가족은 인터뷰를 거부할 권리가 있다. 피해자 등이 인터뷰를 거부하는 것을 보도에 부정적으로 언급하지 않아야 한다.
   - 자신의 소속과 기자임을 먼저 밝히고, 인터뷰에 대한 사전 동의를 구한 후 인터뷰하여야 한다.
   - 사건의 본질과 관계없는 질문, 사적인 내용에 관하여는 질문하지 않아야 한다.
   - 가해자의 변명을 그대로 전달하여 피해자에게 수치심을 주지 않아야 한다.

- 피해자나 주변인이 인터뷰인지 알지 못한 채 말하거나 답변하는 내용을 직접적으로 보도하지 않아야 한다.

〈기사 작성 및 보도 시 주의사항〉

1. 피해자의 신원이 노출되지 않도록 주의하여야 한다.

- 피해자의 얼굴, 이름, 직업, 거주지 등을 직접 공개하지 않는 것은 다양한 법적 의무이다.
- 문제는 간접인인 노출, 신원노출을 막아주는 안전한 모자이크란 없다.
- 피해자의 신원이 노출될 수 있는 간접적인 정보는 다음과 같다.

* 아래 정보들이 많을수록, 구체적일수록, 범주가 좁을수록 노출될 위험이 높다.

- 피해자의 나이, 직업, 신분

피해자가 소속된 학교나 직장 등 소속 집단이 좁을수록 노출위험이 증가한다.

- 피해자의 거주지

가주지 사진 내지 영상이 함께 실릴수록, 마을이 특정될수록, 지역사회가 좋을수록 노출위험이 증가한다.

- 범죄 발생 장소

범죄발생 장소는 보도할 공익적인 필요성이 높은 정보이긴 하자 피해자와 연관된 공간이므로 정보가 주어질 경우 피해자의 신원노출 위험이 높기 때문에 다른 정보돌과 종합하여 피해자가 노출되지 않는지 주의 하여야 한다(예, 학교내 성폭력, 직장내 성폭력 등).

- 피해자와 가해자와의 관계

피해자와 가해자와의 관계(예, 친구, 직장동료, 제자, 신도, 친족 등)도 보도할 공익적인 필요성이 높은 정보이다. 그러나 가해자의 신분이 공개되면 가해자의 인적 정보와 그 관계성에 의해 피해자도 덩달아 특정될 위험이 높으므로 다른 정보들과 종합하여 보도에 주의하여야 한다.

- 주변인 인터뷰

피해자의 의사에 관계없이(특히 아동)피해자의 부모가 인터뷰를 하거나 좁은 학교, 직장 및 지역사회에서 발생한 사건에 대해 직장 동료, 주민, 관계자가 인터뷰를 할 경우 이들의 인터뷰 내용으로 인하여 피해자가 누구인지 쉽게 특정될 수 있으므로 보도에 주의하여야 한다.

- 간접정보들의 조합

특히 사회적으로 주목받은 사건 관련 속보 경쟁 상황에서는 여러 언론사에서 한꺼번에 쏟아져 나오는 여러 정보들의 조합으로 피해자가 쉽게 특정될 수 있다는 점에 유의하고 피해자의 관련 정보 공개에 더욱 신중을 기하여야 한다.

2. 피해자의 피해 상태를 자세하게 보도하는 것을 자재하여야 한다.
   - 피해자가 입은 상해 등 피해 상태를 자세히 보도할 경우, 피해자 사생활의 비밀과 자유가 침해될 소지가 높고 일반인들에게도 성폭력은 극복할 수 없는 피해라는 잘못된 통념을 심어줄 수 있다. 또한 기사를 접하는 피해자에게 사건을 다시 상기하게 하고 공포심과 성적 수치심을 재경험하게 하는 2차 피해를 줄 수 있다.
3. 사건과 무관한 피해자의 사생활(평소 습관, 기호, 질병, 장래 희망, 주변인들의 피해자에 대한 평가 등)에 대한 보도는 하지 말아야 한다.
   - 이슈가 될 사건의 피해자라고 해서 사생활 영역까지 국민의 알 권리의 대상이 되지 않아야 한다.
4. 성폭력 사건에 '피해자 측(피해자 개인, 가정환경) 책임이 있다'는 인식을 심어줄 수 있는 보도는 하지 않아야 한다.
   - 강도 피해를 당한 경우 피해자에게 왜 가해자의 공격을 막아내지 못했는지, 왜 그 시각 가해자와 같이 있었는지를 궁금해 하거나 따지지 않는다. 반면 유독 성폭력 범죄에 있어서는 왜 그 시각에 거기 있었는지, 피할 수는 없었는지에 대한 가치 판단이

담긴 기사들은 독자로 하여금 그 상황을 초래한 '피해자에게도 일정부분 책임이 있다'는 잘못된 통념을 심어줄 수 있다.

- 범죄 발생 당시 피해자의 직업, 평소 행동이나 성향, 결혼여부, 음주여부, 옷차림, 피해자 거주지와의 접근 가능성 등 성폭력 사건과 관계없는 비본질적인 내용에 관하여 언급함으로써 '피해자에게 책임이 있다'는 식의 보도를 하여서는 안 된다.
- 피해자 또는 가족이 술에 취해 있었다거나 피해자의 거주지 보안이 허술했다는 사실 등은 사건이 일어나게 된 경위의 일부로서 보도될 수 있는 내용이다. 그러나 모든 사람에게 범죄를 저지르지 말아야 할 의무가 있는 것이지, 피해자에게 범죄 발생을 방지할 의무와 책임이 있는 것은 아니므로, 피해자에게 방어에 취약한 상태에 있었다는 사실이 범죄의 '원인 제공' 내지 '책임'으로 인식되어서는 안 된다.
- 따라서 피해자의 상태를 보도함에 있어 은연중에라도 '가치판단'이 가미되지 않도록 주의하여야 하며, 피해자의 어떤 상태 '때문에' 범죄가 일어났다는 식의 표현은 삼가야 한다.

5. 가해자의 범행 수법을 자세히 묘사하거나 선정적이고 자극적인 보도를 하지 않아야 한다.
   - 성폭력 범죄의 특성상, 가해자의 범행 수법을 자세히 묘사하게 되면 피해자에게 그러한 자극적인 성적 행위의 대상자로 연상, 인식하도록 만들어 부정적인 이미지를 고착화시키고 성적 수치심을 재경험하게 할 수 있다.
6. 가해자의 사이코패스 및 변태적 성향, 절제할 수 없는 성욕 등을 지나치게 강조하여, 성폭력 범죄의 원인이나 범행 동기에 대하여 잘못된 통념을 심어주는 보도를 하지 않아야 한다.

- 성폭력은 개인의 성적 자기결정권을 침해하는 일체의 성적 접촉 행위를 말한다. 그런데 언론에서 집중 부각하는 성폭력은 가해자가 무자비하게 피해자를 유린하는 내용이나 가해자가 특별히 반사회성을 보이는 경우 등 특수하고 잔인한 사건들에 집중되어 있기 때문에 보도를 접하는 사람들로 하여금 성폭력에 대한 잘못된 통념, 즉 저 정도의 잔인성, 무자비함을 보여야 성폭력이라는 그릇된 인식을 심어줄 수 있다.
- 가해자의 사이코패스 성향, 잔인성을 부각할 경우 일종의 '괴담'처럼 비화되어 대중에게 필요이상의 공포심과 두려움을 불러일으키며 사건의 본질을 흐릴 수 있다.
- 가해자의 특수성을 부각하는 보도는 대부분의 성폭력 사건이 피해자와 가해자가 서로 아는 관계에서, 가해자의 사회경제적 지위 혹은 권력을 이용하여 발생한다는 현실을 제대로 반영하지 못한다. "성폭력 범죄자는 사이코패스이거나 변태, 성욕을 통제하지 못하는 잔인한 사람"이라는 잘못된 도식화로 연결되기도 하여, 일상적으로 빈번하게 일어나는 겉보기에 평범한 가해자들에 의한 성폭력 사건을 '성폭력'이라는 인식으로부터 외면하게 만든다.

7. 사실관계가 확인되기도 전에 가해자의 일방적인 주장을 진실인 것처럼 여과 없이 보도하지 않아야 한다.

(한국기자협회·여성가족부 제공)

〈출처〉 한국언론진흥재단(2014). 언론인이 알아야 할 취재보도 가이드

22 스마트폰 열풍과 자녀의 중독

스마트폰 이용자가 3,000만 명을 넘어섰다. 이제 스마트폰은 남녀노소를 막론하고 우리 모두가 반드시 가져야 할 필수품이 되었다. 그러다 보니 스마트폰 비이용자는 마치 '시대에 뒤떨어진 사람', '스마트하지 못한 사람' 등과 같은 부정적인 평가를 받기 일쑤다. 이런 현상은 청소년들 가운데 더욱 두드러지게 나타난다. 초등학생들 가운데 50% 이상이 스마트폰을 이용하고 있으며 스마트폰을 이용하지 않는 아이들은 집단 따돌림을 당할 가능성이 높다.

스마트폰의 보급이 확산되면서 우리 사회는 자녀의 스마트폰 과다이용으로 몸살을 앓고 있다. 청소년 가운데 40.5%가 스마트폰을 과다하게 이용하여 심각한 문제를 겪는다고 한다. 이들은 시공을 넘나들며 스마트폰으로 사진전송, 인터넷 접속 등을 할 뿐만 아니라 인터넷게임에 몰입하고 있다. 그 결과 이들은 스마트폰 중독 즉 의존성과 금단증상 등으로 인하여 일상생활의 어려움을 겪거나 극단적 대인기피 현상을 보인다고 한다. 이러한 청소년들의 스마트폰 중독현상을 두고 일부 전문가들은 그냥 방치해두면 큰 사회적인 문제가 될 것이라고 우려하고 있다.

스마트폰 중독

특히 일부 청소년들은 학교에서 수업시간 중에도 과도하게 카카오톡에 몰입함으로써 수학능력에 커다란 지장을 경험하고 있다고 한다. 일부 교사들과 학부모들을 중심으로 스마트폰 교육법을 마련하고자 하는 여론을 형성해 나가는 것도 이러한 현상과 무관치 않다. 청소년들의 스마트폰 중독은 과도한 이용요금을 지불해야 하는 부모의 경제적 손실뿐만 아니라 전자파 영향, 시력저하 등과 같은 건강상의 손실도 유발하기 때문에 그대로 방치해둘 수 없는 문제가 되었다.

스마트폰 확산과 관련하여 우리가 더 많은 고민을 해야 하는 이유는 우리 사회의 스마트폰 이용 연령대가 점차 낮아지고 있다는 것이다. 최근 들어 3~5세의 어린아이들도 적지 않게 스마트폰에 노출되고 있다. 3~5세 아이들 10명 가운데 4명은 1주일에 적어도 3회 이상 스마트폰을 이용한다. 이들 가운데 일부(11.6%)는 스마트폰을 한번에 30분 이상을 이용한다. 이러한 저연령화 추세는 스마트폰의 확산과 더불어 더욱 가속화될 것으로 보인다.

부모의 과도한 교육열

청소년의 스마트폰 이용이 빠르게 확산되고 중독현상이 심화되는 것은 부모의 과도한 교육열과 무관치 않다. 이와 관련하여 스마트폰 이용 청소년 가운데 82.1%가 부모의 권유로 처음 스마트폰을 접하게 되었다는 점에 주목할 필요가 있다. 부모들이 자녀들에게 스마트폰을 활용할 것을 권유한 첫 번째 이유는 '학습적 도움(44.0%)' 때문이라고 한다. 다시 말해 상당수에 해당하는 부모는 자녀가 스마트폰의 콘텐츠를 이용하여 다양한 정보를 접하고 더 많은 책을 읽고 영어능력을 높이기를 기대하고 있다는 것이다. 한 조사결과는 부모의 영어교육 열망이 청소년의 스마트폰 활용을 가속화시킨다는 사실을 재확인하고 있다. 이에 따르면 초등학교 학부모의 48.3%가 자녀의 영어교육을 위하여 스마트기기를 사용할 것을 자녀에게 권유했다.

부모들이 자녀들에게 스마트폰을 활용할 것을 권유한 두 번째 이유는 신기술 도입에 대한 부모의 열망 때문이라고 한다. 부모들은 '시대적 흐름에 동참(32.0%)', '새로운 기기에 대한 두려움 해소(8.0%)' 등을 위하여 자녀에게 스마트폰을 권했다. 부모들은 자녀가 새로운 기술을 도입하는 데 있어서 선도적인 존재로 성장하기를 기대하는 욕구를 스마트폰의 활용을 통해서 표출한다. 물론 이러한 부모의 행태는 우리 사회의 스마트교육 정책과 무관치 않다. 최근 정부가 칠판 없는 교실, 책 없는 가방 등을 지향하는 e-교과서 정책을 구사하면서부터 스마트폰이 중요한 교육기제 가운데 하나로 부각된 바 있다.

미국 사회도 스마트폰 보급률을 크게 확대하고 있다. 2012년 2분기 말 현재 미국의 스마트폰 보급률은 54.9%에 달하고 있다. 하지만 미국의 교육당국은 스마트폰의 부정적 효과를 인식하고 청소년들의 이용을 강력하게 규제함으로써 학교수업에 미치는 악역향을 최소화하고 있다. 일례로 오하이오주 초중고교에서는 학생들이 수업시작 전 후에만 휴대폰을 사용하도록 지도하고 있다. 만약 이를 어길 경우 휴대폰 교실금지 등과 같은 강력한 통제수단을 동원한다. 뿐만 아니라 학교교육은 스마트기기에 입각한 교육을 최소한의 경우에만 한정하고 있다. 우리 사회에서 사회문제로 부각되고 있는 청소년들의 스마트폰 중독이라는 현상이 부모의 잘못된 욕구표현이 불러온 어두운 그림자가 아닌 것인지 확인해볼 때다.

23 여름방학과 자녀 지도

여름방학이 코앞으로 다가왔다. 몇 주일이 지나면 청소년들은 긴 여름방학에 들어간다. 한 학기 동안 학교공부에 매달리느라 하고 싶은 것을 뒤로 미루어 두었던 청소년들은 여름방학동안 무엇을 할 것인가, 무엇부터 할 것인가 등을 두고 벌써부터 행복한 상상을 시작했을 것이다.

교육당국이 공교육을 청소년의 적성을 개발할 수 있는 기회의 장으로 만들기 위해 교과과정을 개편하고 새로운 입시전형방법을 도입했지만 학교교육은 여전히 진학에 우선순위를 두고 아이들을 몰아붙이고 있다. 그러다 보니 청소년들은 자신을 위해 최소한의 시간이라도 할애할 수 있는 방학에 큰 기대를 걸 수밖에 없다. 작년 여름에 친구들과 어울려 간 이후 한 번도 못간 개울에 가서 하루 종일 물놀이를 하는 상상도 할 것이고 빈 운동장에서 지치도록 공을 차고 노는 모습도 상상도 할 것이다.

부모의 자녀교육

방학을 앞두고 행복한 상상을 하는 청소년들과는 달리 학부모들은 자녀들을 어떻게 지도할 것인가를 두고 심각한 고민을 시작했을 것이다. 특히 집에서 많은 시간을 보내게 될 아이들을 어떻게 다룰 것인가, 이런 저런 생각을 많이 할 것이다. 부족한 공부를 보충하도록 학원을 보낼 수도 있고, 세상구경을 하도록 여행을 보낼 수도 있을 것이다. 아니면 무엇이 되었든 하고 싶었던 것을 실컷해보라고 권할 수도 있을 것이다.

계획을 어떻게 세우던 학부모는 방학동안 자녀와 함께 집에서 보내야 하는 시간이 많을 수밖에 없다. 아이들이 학교에서 보내던 시간의 일부를 집에서 보내야 하기 때문에 그렇다. 함께 지내다 보면 부딪힐 기회가 많을 것이고 그에 따라 가정에서 이루어지는 지도의 비중도 커질 수밖에 없다. 부모의 입장에서 보면 아이들이 감성적으로 예민한 사춘기라서 지도하는 것이 여간 조심스럽지 않다. 그렇기 때문에 부모들은 방학이 다가오면 행복한 상상보다는 심각한 고민을 하게 되는 것이다.

부모가 모범을 보여야

자녀지도의 핵심은 지도에 있는 것이 아니라 부모가 모범을 보이는 것에 있다. 사춘기 아이들은 부모의 말을 무조건 수용하지 않고 이성적으로 판단해서 합리적인 것만 수용하기 때문에 그렇다. 사회심리학의 연구도 이러한 모범의 중요성을 뒷받침하고 있다. 한 연구에 의하면 사춘기 아이들이 부모에게 반항하는 것은 호르몬 변화 때문이 아니라 부모의 행태가 자신의 판단기준에서 볼 때 합리성이 결여됐기 때문이라고 한다.

하루 종일 TV 앞에서 사는 부모가 자녀의 TV 시청을 막으면 자녀는 반항하기 쉽다. 자녀의 입장에서 보면 TV 시청이 부정적인 것이라면 자신뿐만 아니라 부모도 보지 말아야 옳다. 부모는 요지부동으로 TV 앞을 지키면서 자녀만 규제할 경우 자녀들은 부모의 TV 시청지도를 수용하지 않을 것이다. 반면 부모가 TV를 멀리하고 대신 책을 가까이 하는 모습을 보여줄 경우 부모가 자녀에게 TV를 시청하지 말라고 타이르면 아이들은 이를 수용할 것이다.

자녀의 컴퓨터 게임을 지도하는 것도 마찬가지다. 부모가 고스톱 등과 같은 사행성 게임을 하는 모습을 자녀에게 한 번도 보인 적이 없을 경우 컴퓨터 게임에 빠진 자녀에게 이를 중단하라고 하면 자녀는 이 충고를 수용할 것이다. 하지만 게임을 하는 모습을 아이들에게 심심치 않게 보여준 부모의 경우 자녀에게 게임을 중단하라는 충고를 하게 되면 자녀는 이를 쉽게 수용하지 않을 것이다. 부모님은 하면서 왜 나는 하지 말라는 것인지 그들이 납득하기 어렵기 때문에 그렇다.

방학동안 가정에서 이루어질 자녀지도에 대해서 심각한 고민을 하는 부모가 있다면 자녀는 보고 듣고 배운 대로 행동한다는 사실에서 그 해답을 찾기 바란다.

24 전통시장과 지역경제 살리기

거대자본이 운영하는 대형마트가 가격경쟁력을 앞세워 활동영역을 전국으로 확산하면서 전통시장이 설 자리를 잃어가고 있다. 골목에 위치한 동네가게가 버티지 못해 문을 닫고 있고 재래시장의 손님도 줄고 있다. 지역신문과 방송은 대형마트로 인해 전통시장이 사라지고 지역경제가 황폐화되고 있다는 보도를 사흘이 멀다 하고 내놓고 있다.

이런 현상을 두고 가격경쟁의 효율성을 신봉하는 시장론자들은 문제될 것도 아닌 것을 언론이 이슈화한다고 비판하기도 한다. 이들의 주장은 물품공급을 가격경쟁이라는 시장기능에 맡겨 놓을 때 소비자가 제대로 보호받을 수 있다는 경제학에 근거를 두고 있다.

거대자본의 영향력

전통시장도 경영과 마케팅을 혁신해서 대응하면 자생할 수 있는데, 왜 그런 노력을 게을리 하면서 대형마트를 탓만 하는가라는 식의 시장론자들의 논리는 우리 지역 현실을 외면한 것이다. 소상인들이 아무리 대단한 유통혁명을 꾀한다 하더라도 대형마트를 상대로 가격경쟁에서 이기기란 사실상 불가능한 것이 우리의 현실이기 때문에 그렇다. 대형마트는 거대자본의 힘에 기대어 지능적으로 완전경쟁을 피해간다는 사실을 생각해보면 시장론자들의 주장이 얼마나 현실과 괴리된 허구인가를 우리는 쉽게 알 수 있다.

소상공인들은 합동구매를 통해 유통비용을 절감하고 가격경쟁력을 높이기 위해 수도 없이 많은 시도를 해왔고 환경개선을 통해 소비자들을 불러 모으기 위해 백방의 노력을 했다. 그러나 이들의 이러한 노력은 거대자본의 괴력 앞에서 매번 좌절되곤 했다.

소상공인들이 유통비용을 줄여 가격경쟁력을 갖추는가 싶으면, 대형마트는 거대자본을 활용하여 저가의 자사브랜드(PB) 상품을 출시하여 경쟁을 피했다. 재래시장이 환경개선을 통해 소비자들을 겨우 불러 모으면 대형마트는 상시적으로 고품격의 문화강좌를 개설해서 소비자들의 발길을 되돌려 놓았다. 그렇게 해서 거대자본이 운영하는 대형마트는 마치 괴력을 가진 포식자처럼 영세한 규모의 재래시장을 파괴해 가고 있다.

전통시장은 국가경제에서 실핏줄과 같은 역할을 한다고 할 수 있다. 수많은 서민들이 이 시장에 기대어 살기 때문에 그렇다. 전통시장은 이들의 일터이고, 여기서 얻어진 소득으로 이들의 가족이 살고 있다. 실핏줄이 마르면 신체의 중요부위가 망가지는 것과 마찬가지로 재래시장이 설자리를 잃게 되면 국가경제도 종국적으로는 크게 훼손될 수밖에 없다. 전통시장이 차지하는 이러한 경제적 중요성 때문에 정부도 전통시장의 활성화에 발 벗고 나서는 것이다. 전라북도만 하더라도 지난 10년 동안 2천200억 원이라는 막대한 예산을 전통시장 활성화에 쏟아부었다.

전통시장 활성화 정책

정부가 앞장서서 추진하고 있는 전통시장 활성화를 위한 지원정책은 소상공인들에게 큰 희망이 되고 있다. 특히 대형마트 일요휴무, 전통시장 상품권 사주기, 주차시설 정비, 아케이드 설치, 리모델링 등과 같은 일련의 정책에 상인들은 큰 기대를 걸고 있는 것 같다. 정부는 이러한 정책을 일회성 이벤트가 아닌 지속가능한 사업으로 추진하는 한편 근본적인 처방도 함께 병행해 나가야 할 것이다.

전통시장을 활성화시키기 위한 정책수립을 위해서 다른 나라의 성공사례에서 확인된 지혜를 빌릴 필요가 있다. 특히 미국인의 전통시장 활성화 노력은 우리에게 좋은 교훈을 줄 수 있을 것 같다. 미국의 일부 지자체들은 정기적으로 계절에 관계없이 상인과 시민전체가 참여하는 '스트리트 페어(Street Fair)'라는 거리축제를 개최한다. 상인들은 거리에 좌판을 펴고 대대적인 세일행사를 하고, 제조회사는 자원봉사자들을 동원하여 주민들과 함께 깜짝 이벤트를 기획하여 시민과 상인들이 밀착할 수 있는 기회를 만들어낸다.

'스트리트 페어'를 통해 생산자, 상인, 소비자들이 하나가 된다. 미국의 지자체들은 시민들의 협조를 얻어 지역 내에서 영업을 하고 있는 대형마트들을 대상으로 프로모션을 기획하여 이익금의 일부를 지자체에 기부하도록 한다. 지자체는 그 기금으로 전통시장을 활성화하고 또 교육환경을 개선하는데 매년 정기적인 투자를 하고 있다. 시민들 역시 지역 이익금을 극대화시키기 위하여 자신의 지역에서 운영되는 대형마트 이용에도 적극적이다. 이러한 정책을 통해 지자체들은 전통시장과 대형마트가 경쟁의 대상이 아닌 상생의 파트너가 될 수 있도록 그리고 지역경제에 기여하는 중요한 주체가 될 수 있도록 만들어가고 있다.

우리도 이러한 교훈을 전통시장 활성화 정책에 활용하면 좋을 것 같다. 전통시장과 대형마트가 함께 하는 도시, 이 정책이 우리 지역경제 살리기에 한 몫 할 것 같다.

25 대학생의 성공적인 목표관리

대학은 '꿈의 산실'이다. 많은 학생들은 이곳에서 일상과 관련된 꿈을 꾸기도 하고 인생의 중요한 대목과 관련된 꿈을 꾸기도 한다. 이들이 꾸는 꿈들이 다양하고도 아름답기 때문에 우리는 대학에서 생활하는 청춘들을 찬미하는 것이다. 또한 대학은 지혜와 지식을 축적하는 곳이기도 하다. 학생들은 자신의 삶과 세상사에 대해서 사색을 하고 관련서적을 읽는다. 이들의 이러한 지적 활동이 쉼 없이 지속되기 때문에 우리는 대학을 '상아탑의 세계'라고 부르는 것이다.

자아실현의 방법

'꿈의 산실'인 '상아탑'의 세계에서 생활하는 그 자체가 축복이다. 대학생들이 그 축복을 자아실현과 연결시킬 수 있다면 그야말로 금상첨화(錦上添花)가 될 수 있을 것이다. 이러한 연결의 고리를 만들 수 있는 방법은 여러 가지가 있는데 목표관리를 중심으로 시도를 해보는 것도 좋을 것 같다. 학교생활 동안 우리 대학생들이 꿈꾸는 것을 자신의 목표를 설계하고 다듬는 것으로 집중하고 사색하고 공부하는 것을 목표의 달성에 필요한 수단으로 활용한다면 자아실현의 지름길을 찾을 수 있을 것이다.

대학생들은 목표관리를 위해서 자신의 꿈을 몇 가지 측면에서 체크해

봐야만 할 것이다. 특히 나의 꿈은 실현 가능성이 있는 것인가? 시의적절(時宜適切)한 것인가? 등을 점검하는 것이 중요하다. 아무리 대단한 꿈이라도 그것이 실현가능성이 없는 것이라면 인생의 목표가 될 수 없다. 실현가능성이 없는 꿈은 기껏해야 희망사항이나 소망사항일 뿐이다. 마찬가지로 꿈꾸는 것들은 시기적으로도 적합한 것이어야만 바람직한 것이 될 수 있을 것이다. 시의성이 떨어지는 꿈은 추진력을 얻기 어렵다. 예를 들면 스마트 TV시대에 최고의 명품 흑백 TV를 만드는 것을 꿈꾼다면 그것은 상상의 유희에 지나지 않는다. 단순한 즐거움을 위해 꿈꾸는 것이라면 용인될 수 있지만, 이것을 목표로 설정하게 된다면 대단히 어리석다. 바로 이러한 이유 때문에 대학생들은 자신의 꿈을 이러한 측면에서 다각적으로 점검하는 것이다. 만일 이러한 기준에 적합할 수 있도록 꿈을 조율해 간다면 우리 대학생들은 두려움 없이 자신의 꿈을 삶의 목표로 전환할 수 있을 것이다.

지적 호기심

둘째, 우리 대학생들은 자신의 꿈과 관련시켜서 공부하는 내용과 분야를 설정해야 목표달성에 도달할 수 있을 것이다. 공부하는 내용이 꿈꾸는 세상과 전혀 다른 것이 되면, 축적한 지식이 목표달성에 도움이 되지 않을 것이다. 물론 지적 호기심을 위한 공부를 포기하라는 뜻은 아니다. 공부 그 자체를 위한 공부도 좋지만, 그것을 꿈의 실현과 연결시킬 수 있다면 그렇게 하는 것이 더 좋다는 의미다. 자신의 지식이 꿈을 실현하는데 타당한 수단이 될 수 있는가를 챙겨보는 일은 제한된 시간에 목표달성에 필요한 지적 요건을 충족시켜야 하기 때문에 중요하다. 세상이 빠르게 변화하고 전문화될수록 목표와 수단의 타당성을 점검하는 것은 필연적이다. 그것은 학창시절에 축적한 전문지식이 삶의 목표를 달성하는데 미치는 영향력은 지식정보사회가 발달하면 할수록 커지기 때문에 그렇다.

같은 대학에서 학창시절을 함께 한 친구들이 졸업 후 목표달성의 정도에서 차이를 보이는 것은 대학시절 목표관리를 어떻게 했는가와 무관치 않다.

26 19대 총선과 유권자의 선택

4월 11일에 치러지는 19대 총선이 코앞에 다가왔다. 유권자들은 선거 열기가 달아오르기도 전에 내심 선거결과에 상당한 기대를 하는 것 같다. 대선을 앞둔 총선의 결과가 사회변화의 기폭제가 된 예가 있어서 더욱 그런 것 같다. 예를 들면 12대 총선에서 야당이 승리해서 국회가 여소야대로 구성되자 6.29선언과 같은 정치지형의 대변화가 나타났다.

19대 총선결과가 어떻게 나타나든 기대에 부합하는 변화가 나타나지 않을 것 같다. 이 판단은 정치상황이 과거와 달라진 것도 있지만 집권당과 야당이 공천과정에서 보여준 행태에서 비롯된 것이다. 사실 유권자들은 여당과 야당이 공천자를 발표하기 전까지만 해도 참신한 인물이 중앙정치 무대에 상당수 등장할 것으로 기대했다. 언론은 기존 정치판에 대한 유권자의 불신을 '안철수 바람'으로 표현했었다. 하지만 공천결과는 기대에 턱없이 미치지 못했다. 여야모두 쇄신이라는 명분을 내세웠지만 공천결과는 구호와는 거리가 멀었다. 잘 알려진 것처럼 일부 지역구와 관련해서는 '돌려막기 공천', '그 밥에 그 나물 공천' 등 혹독한 평가가 내려졌다. 여야의 공천은 철저히 정치공학에 입각해서 이루어졌고 국정을 맡길 인물을 찾기보다는 이벤트에 치중했다. 이름도 생소한 정당들이 이번 총선에 대거 참여한 것도 유권자의 실망이 컸기 때문에 가능했었을 것이다.

공천문화의 변화

전북지역의 19대 총선 공천결과는 유권자에게 '절망감을 주었다'는 표현이 어울릴 형국이다. 집권여당인 새누리당은 전북을 폐기처분한 것과 같은 일련의 행태를 보였다. 참신한 인물을 물색하기 위한 노력을 포기함으로써 일부 지역에서는 후보를 내세우지도 못했고 후보를 낸 지역 역시 중앙당의 관심밖에 두었다. 이번 19대 총선도 4년마다 치르는 연례행사의 하나로 마무리할 계획인 것 같다. 제1야당인 민주통합당도 새누리당 못지않게 지역유권자를 실망시켰다. 특정지역에 대한 전략공천을 운운하다 철회하기도 했고 야권통합을 이유로 경선을 차일피일 미루기도 했다. 민주통합당 이름을 걸고 나오면 누가 나와도 당선될 수 있다는 오만무도한 생각을 하지 않았다면 상상할 수 없는 행태이다.

유권자는 등록된 후보자를 대상으로 민의를 대변할 국회의원을 결정해야 하기 때문에 선택의 폭이 제한되어 있다. 따라서 능력 있는 인물이 후보자로 등록하지 않으면 유권자는 후보자 가운데 차선 혹은 차차선의 후보를 선택할 수밖에 없다. 전북은 여러 차례 선거를 통해 사실상 차선이나 차차선을 택할 수밖에 없도록 스스로를 옭아매어 왔다. 물론 이에 대한 책임이 정치권에만 있는 것은 아니다. 전북의 유권자에게도 그 책임이 있다. 지난 30여 년 동안 선거 때마다 전북 유권자들은 무슨 이유에서였던 특정 정당에게 표를 몰아주면서 무조건적인 사랑을 보냈다. 지난 18대 총선에서도 전북 유권자들은 11명의 국회의원을 특정 정당소속이나 관련 인물들로 당선시켰다.

이러한 무조건적인 사랑은 특정 정당에게 책임지는 자세를 갖도록 한 것이 아니라 잘못된 만용을 부리도록 만들었다. '막대기만 꽂아도 우리당이 공천하면 당선'이라는 생각으로 그 정당은 선거 때마다 자질이나 능력을 기준으로 후보를 공천하려고 하기 보다는 정치공학에 의해서 후보를 결정하려고 했다. 19대 총선의 공천도 같은 맥락에서 추진됐다. 유권자들의 무조건적인 사랑을 기대하지 않았더라면 이번과 같은 공천 잡음은 발생하지 않았을 것이다. 전북 유권자들의 무조건적인 사랑이 특정 정당의 잘못된 공천관행을 만든 것이다.

정치발전의 디딤돌

여야가 어떤 근거로 공천자를 결정했던지간에 유권자는 오는 4월 11일에 등록된 후보를 대상으로 선택을 해야 한다. 비록 출중한 능력과 자질을 갖춘 인물이 있더라도 그가 후보자로 등록되어 있지 않으면 우리는 그를 선택할 수 없다. 즉 후보자가 최선의 인물들로 구성이 되었든 그렇지 않든 우리는 이들 가운데 한사람을 선택하도록 이미 조건지워져 있다. 최선의 인물이 후보자 가운데 등록되어 있다면 그를 선택하면 된다. 그렇지 않다면 우리는 내키지 않더라도 차선의 인물을 선택해야 한다.

차선의 인물을 선택할 때 무엇보다 중요한 것은 유권자가 무조건적인 사랑에 눈멀고 귀먹지 않고 후보자의 자질과 능력을 챙겨서 선택을 하는 것이라고 생각한다. 특정 정당에 대한 사랑 때문에 차선조차 잘못된 선택을 하는 우를 또다시 범해서는 안 될 것이다. 유권자의 이번 선택이 중요한 이유는 선거결과가 지역 정치발전을 기약할 수 있는 디딤돌이 되기 때문이다.

27 미국 입양문화의 교훈

필자는 미국행 비행기 안에서 해외로 입양되는 우리 아이들을 여러 차례 만난 적이 있다. 한번은 옆자리의 젖먹이가 비행 내내 칭얼대서 승무원에게 그 까닭을 알아본 적이 있다. 승무원은 우는 아이가 입양아라면서 “해외로 입양되는 아이들이 유난히 많이 운다”고 덧붙였다. 승무원의 말은 나를 위한 변명이었을 것이다. 젖먹이가 칭얼댄 것은 무언인가 불편한 것 때문이었지 해외로 입양되기 때문은 아니었을 것이다. 하지만 그 아이의 울음은 그날따라 더 안타깝게 들렸다. 마치 입양에 대한 우리 사회의 편견이 그 아이를 나라 밖으로 밀어내는 것 같아 죄스러움도 느꼈다.

최근 들어 입양에 대한 우리 사회의 태도가 많이 달라졌다. 변화의 물코를 트는데 유명 인사들의 입양사례와 방송프로그램이 적지 않게 기여했다. 유명인사, 특히 연예인들의 입양사례를 통해 사람들은 입양이 실제로 일어난다는 것을 확인하고 스스로 입양의 가능성을 열어놓기 시작했다. 또한 해외입양아를 다룬 TV 프로그램이 안방에 파고들면서 높은 시청률을 얻었다. 또 시청자들은 입양아도 친자와 다름없는 가족이 될 수 있다는 것을 인식했다.

고아수출국

하지만 입양은 여전히 듣기 좋은 남의 이야기에 불과하다. 우리들 대부분은 자신이 당사자가 되면 남의 자식을 입양하는 것을 기피한다. 요즈음 대리모가 사회 문제가 되는 이유도 입양을 기피하는 현상과 결코 무관치 않다. 그 결과 국내 입양 비율은 절대적으로 낮고 해외 입양 비율이 높아서 우리는 여전히 국제 사회에서 '고아수출국'이라는 오명을 쓰고 있다. 통계청 자료에 의하면 우리 사회는 OECD 국가 가운데 세계 최고의 해외 입양률을 수년째 기록하고 있다고 한다. 예를 들면 2008년 1,250명의 입양아 중 1,114명이, 2009년 1,125명 중 1,005명이 해외로 입양됐다.

입양을 꺼리는 편견은 대부분 주변의 부정적인 이야기에 그 뿌리를 두고 있다. 사실 남의 자식을 키워 놓았더니 배신을 했다는 것이 내 자식을 키워놓았더니 배신을 했다는 것보다 훨씬 더 충격적인 이야기다. 또한 사람들은 내 자식이 배신한 것은 숨기고 남의 자식이 배신한 것만 부각시켰을 수 있기 때문에 부정적인 이야기의 숫자가 많을 수도 있다. 이런 배경에서 보면 "머리 검은 짐승은 키우면 안 된다"는 편견은 왜곡된 것일 수 있다. 교육의 관점에서 보더라도 그렇다. 내 자식이든 남의 자식이든 어떻게 키웠는가에 따라 그 아이가 가족구성원에 대해서 갖는 애정이 달라질 수 있다.

서구 선진국이 보여주는 입양 사례들은 입양에 대한 편견을 개선하는 데 유용한 정보들을 제공한다. 특히 미국의 성공적인 입양 사례들이 그렇다. 첫 번째 교훈은 아이들을 진정으로 사랑하는 것이 중요하다는 것이다. 미국인들은 아이들을 키울 때 친자녀와 입양자녀를 전혀 차별하지 않는다. 자기 배 아파서 낳은 아이도 아닌데 어떻게 저럴 수가 있을까라고 의심할 정도다. 의식주는 물론이고 애정표현이나 방과 후의 활동까지 차별하지 않는다. 생활이 넉넉하지 않아도 입양자녀의 재능발굴을 위해 친자녀 이상으로 이들에게 돈과 시간을 투자하는 것을 보고 놀란 것이 한두 번이 아니다.

두 번째 교훈은 아이들을 정직하게 대하는 것이 중요하다는 것이다. 미국인들은 입양자녀에게 어디서 태어났고 생모가 누구인지 등을 정직하게 알려준다. 가능한 경우 입양자녀들이 사진 등을 통해 친부모와의 인간적 접촉을 할 수 있도록 도와준다. 뿐만 아니라 인종 정체성을 잃지 않도록 배려도 잊지 않는다. 한 예로, 한국에서 아들과 딸을 입양한 미국인 부부들은 필자를 만나면 아이들에게 한국문화를 알려줄 방법을 항상 의논하곤 한다. 이처럼 출생에 대한 정직한 노출은 아이들이 나중에 받게 될지 모르는 출생의 비밀과 관련된 충격을 최소화하려는 배려 때문에 이루어진 것이다.

입양문화 확산

미국의 교훈이 전하는 분명한 메시지는 건실한 입양문화가 확산되려면 무엇보다도 가족에 대한 개념이 재정립되어야 한다는 점이다. 그러나 우리는 지금까지 가족을 오직 혈연과 연결시켜서만 생각했다. 그렇기 때문에 친자녀와 입양자녀를 늘 차별했고 입양자녀의 출생비밀을 묻어두려고 했다. 그런 분위기에서 성장한 입양자녀는 애정의 강도차이에 대한 불만을 표출하기도 했고 출생비밀로 인한 심리적 충격을 받기도 했다. 그 결과 수년에 걸쳐 어렵게 만들어진 가족관계가 하루아침에 깨지기도 한다. 이러한 부정적인 결과는 다시 입양에 대한 편견을 강화하는 악순환을 만들어낸 것이다.

지금부터라도 서구 선진국가의 성공적인 입양사례를 타산지석으로 삼아 우리 모두가 입양의 편견으로부터 자유로워질 수 있기를 바란다.

장애인 관련 '인권보도준칙'

1. 언론은 장애인이 자존감과 존엄성, 인격권을 무시당한다고 느낄 수 있는 보도를 하지 않는다.
   가. 장애인을 비하하거나 차별하는 표현에 주의한다.
   나. 통상적으로 쓰이는 말 중 장애인에 대해 부정적 뉘앙스를 담고 있는 관용구를 사용하지 않는다.
   다. 장애 유형과 장애 상태를 지나치게 부각하지 않는다.
   라. 장애인을 보장구에 의지하여 살아가는 수동적 존재로 묘사하지 않는다.
   마. 동정어린 시각이나 사회의 이질적 존재라는 인상을 주지 않도록 한다.
   바. 장애를 질병으로 묘사하거나 연상시킬 수 있는 표현을 사용하지 않는다.

2. 언론은 장애인에 대한 차별을 해소하는데 적극 나선다.
   가. 장애에 대한 잘못된 고정관념과 편견을 강화할 수 있는 표현을 사용하지 않는다.
   나. '미담보도'의 경우 장애인을 대상화하거나 도구화하지 않는다.
   다. 장애인을 인터뷰하거나 언론에 노출할 경우 반드시 당사자의 입장을 고려한다.
   라. 장애인을 위한 제도 개선과 사회의 인식을 개선하기 위해 항상 노력한다.

(한국기자협회·국가인권위원회 제정)

〈출처〉 한국언론진흥재단(2014). 언론인이 알아야 할 취재보도 가이드

28 미국 학교교육과 예산절감

유로존 국가들이 재정위기에 몰려 경제적 어려움을 겪으면서 우리 경제도 서둘러 긴축재정을 추진해야 한다는 목소리가 높아지고 있다. 우리 국가부채는 아직 국가 부도위기에 달한 것은 아니지만 적자재정을 지속하게 되면 조만간 위험수위에 달할 가능성이 있다. 얼마 전 재경부장관도 이러한 재정적자를 염려해서 내년부터라도 균형예산이 실현될 수 있도록 적극적으로 노력하겠다는 의견을 피력한 바 있다.

균형예산을 마련하는 것이 녹녹치 않아 보인다. 초등학교 무상급식을 전면적으로 시행하게 되면 교육예산을 확대해야 한다. 사회복지를 확대하게 되면 복지예산도 늘려야 한다. 군 장비를 첨단화하게 되면 국방예산도 늘려야 한다. 다른 부문들도 다 마찬가지여서 지출증가를 억제하기가 쉽지 않을 것이다.

재정균형은 거국적 차원의 큰 그림 속에서 계획되는 것이지만 작은 것에도 관심을 갖고 그 해답을 찾는 노력을 지속해야 할 것이다. 교육예산만 하더라도 지출의 상당부분을 줄일 수 있는 영역이 적지 않다. 예를 들면 교과서 재활용, 공간 활용률 제고, 교사의 부전공활용 등이 교육예산을 줄이는데 적지 않은 기여를 할 수 있을 것이다. 실제로 우리보다 훨씬 풍요로운 서구국가들도 이러한 것을 적극적으로 도입하여 교육예산의 지출을 줄이고 있다.

교육예산 절감

먼저 교과서 재활용을 살펴보자. 우리 교육계는 학기가 바뀌면 학교는 학생들에게 모든 교과서를 새 것으로 배부한다. 사용하던 책은 본인이 알아서 폐기한다. 미국의 경우는 이와 다르다. 학기가 바뀌면 학교는 선배들이 사용하였던 중고 책을 학생들에게 배부한다. 학생들은 이 책을 깨끗하게 사용한 후 학기가 끝나면 학교에 반납할 의무가 있다. 그렇기 때문에 학생들은 학기 초 문방구에서 비닐로 된 책 커버를 사서 배부 받은 책을 일일이 씌우는 것은 필수적인 일이다. 그리고 학생들은 학기 내내 책을 깨끗하게 사용하기 위한 노력에 최선을 다한다. 책을 험하게 사용해서 재활용이 불가능하게 되면 학부모가 책값을 변상해야 한다. 그렇게 해서 교과서를 몇 학기씩 재활용하는 것이다. 우리도 이러한 제도를 도입해서 활용한다면 교육예산의 낭비를 상당부분 줄일 수 있을 것이다.

공간을 활용하는 것도 우리는 서구와 상당히 다르다. 우리는 학교건물과 부대시설을 신축하는데 우선순위를 두고 매년 상당한 예산을 소비하고 있다. 학생 수가 늘어서 불가피하게 신축해야 할 경우도 있지만 단지 건물이 낡았다는 이유만으로 이를 부수거나 리모델링하여 건물을 신축하는 경우도 적지 않다. 그래서 신축이 끝나면 예산낭비라는 지적이 끊임없이 뒤따른다.

미국의 경우는 우리와 달리 건물신축을 최소화해서 비용을 절감하고 있다. 오하이오 에크런(Akron) 지역에 소재한 리비어(Revere) 중고교는 많은 학생 수로 인해서 공간이 필요하면 건물을 신축하는 대신 전체 학생들이 각자 강의실을 찾아가서 수업을 듣는 방식의 시스템을 도입하여 공간 활용률을 높여서 이에 대응한다. 우리도 교육시스템 구조를 변화시켜 공간 활용방법을 동원한다면 학령 인원의 변동과 노후화에 대응하는데 소요되는 많은 예산을 절감할 수 있을 것이다

국가 재정의 건전성

미국 교육의 교사 부전공 활용시스템을 주목해야 할 것 같다. 미국 초중고교는 교사들의 부전공을 적극 활용하여 교사 채용을 줄일 뿐만 아니라 언제든지 대체수업에 투입할 수 있게 한다. 이러한 제도를 정착화함으로써 미국 학교 당국은 탄력적으로 교사를 활용할 뿐만 아니라 수업 공백을 별도의 재정적 부담 없이 대응한다. 우리도 이러한 교사의 부전공 제도를 점진적으로 구축해서 활용한다면 시간강사나 기간제교사제의 폐단을 줄이고 예산낭비를 막을 수 있을 것이다.

재정지출의 낭비를 줄일 수 있는 아이디어가 어디 교육영역에만 있겠는가. 각 영역의 전문가들의 경험과 지식을 활용한다면 국가재정의 건전성을 확보하는데 귀한 아이디어를 구하는 것은 어렵지 않을 것이다. 소통이 필요한 것이 바로 이러한 이유 때문일 것이다.

29 미국 학교교육과 인터넷

한국의 인터넷 보급률은 81.1%(2009)로 영국에 이어 세계 2위다. 인터넷 이용자 수나 이용률 역시 세계적인 수준이다. 2010년 5월 기준으로 3,701만 명이 인터넷을 이용하고 있으며 이들의 이용률은 무려 77.8%나 된다. 이들은 날마다 이메일(85.5%)을 통하여 주변사람과 정보를 교환하거나 업무를 처리한다. 또 이들은 인터넷으로 물건을 구매하거나(64.3%), 은행 업무를 처리할(41.2%) 뿐만 아니라 구직정보를 얻기까지 한다(구직자의 76.7%).

인터넷 강국

인터넷 기반시설과 활용빈도로만 본다면 우리 사회를 '인터넷 강국'이라고 할 수 있다. 하지만 그 속내를 들여다보면 그렇게 말하기 어려울 것 같다. 인터넷 호스트, 웹사이트, 보안서버 등이 부족하고 인터넷 이용자의 분포나 활용 목적이 편중되어 있다. 특히 연령별, 지역별 편중현상이 뚜렷한 것으로 보고되고 있다. 인터넷 인구가 지역별, 연령별로 고루 분포되어 있는 서구 선진국과는 달리 우리의 인터넷 이용은 10~30대 층이 주도하고 있으며, 이용자 가운데 절반(46.6%)은 수도권 거주자인 것으로 나타났다. 인터넷 활용목적과 관련해 나타나는 편중현상도 이에 못지 않다. 이용자의 상당수(71%)가 전적으로 게임이나 오락을 목적으로 인터넷을 이용하고 있어서 조사·연구, 교육·학습, 인터넷 상거래 등과 같은 생산적인 측면이 배제되고 있는 형편이다.

이렇듯 높은 인터넷 보급률과 활용률에도 불구하고 우리 스스로가 우리 사회를 인터넷 강국이라는 평가를 내리지 못하는 이유는 바로 이런 질적 지표가 떨어지기 때문이다. 우리나라가 진정한 의미의 인터넷 강국으로 탈바꿈하기 위해서는 무엇보다 우리의 인터넷 정책이 공급자 중심에서 수요자 중심으로 전환되는 것이 선행되어야 할 것이다. 즉 인터넷 이용과 관련된 질적 지표를 개선하는 것이 필요하다.

인터넷 교육정책 개발

인터넷의 질적 지표를 향상하기 위한 방안으로 인터넷을 교육과 접목시키는 시도를 해 볼 필요가 있다. 물론 이런 노력이 없었던 것은 아니지만 지금까지 우리는 '인터넷과 교육의 접목'을 사교육의 콘텐츠 개발과 동일시 해왔다. 그 결과 인터넷 강국이라는 표현이 무색할 만큼 인터넷은 단순한 정보습득이나 입시수단의 학습 서비스에 치중되고 있다. 공교육의 위기상황에서, 특히 인터넷 이용률이 100%인 학생들의 81.1%가 '학업에서 인터넷이 중요하다'고 생각한다는 조사결과를 고려한다면 교육당국은 지금부터라도 교육을 정상화시키기 위해서라도 인터넷을 적극적으로 교육에 접목시킬 필요가 있다.

최근 들어 일부 서구 국가들도 인터넷을 활용하여 교육의 효율성을 높이려는 다양한 정책을 시도하고 있다. 예를 들면 미국 오하이오(Ohio) 주에 소재한 공립학교인 리비어(Revere) 초중고교는 얼마 전부터 프로그레스 북(Progress Book)이라는 인터넷 프로그램을 운영하고 있다. 이 프로그램은 모든 학생의 과목별 과제물, 과제물의 평가결과, 시험결과 등과 함께 전 과목의 학습에 필요한 정보를 매일 등록해 놓는다. 그렇기 때문에 학부모는 집에서 자녀가 수강하는 모든 과목의 과제물을 체크할 수 있을 뿐만 아니라 자녀의 과제물에 대한 평가결과 및 시험결과 등을 한 눈에 실시간으로 확인할 수 있다. 학교가 교실에서 이루어지는 학생들의 모든 학교생활을 이렇게 인터넷으로 관리함으로써 결과적으로 이 학교 학생들의 학습효율이 높아지고 학부모의 학교생활에 관한 관심도 크게 제고되었다고 한다. 우리도 선진화된 인터넷 환경을 교육과 접목해서 적절히 활용한다면 인터넷 활용의 질적 향상과 공교육의 정상화라는 두 마리 토끼를 잡는 성공을 가져올 수 있을 것이다.

지식정보화 시대에 우리나라가 진정한 의미의 인터넷 강국으로 거듭나기 위해 지금 우리가 필요로 하는 것은 기반시설의 확충이라는 외형성장에서 눈을 돌려 활용가치의 제고라는 질적 성장에 관심을 두는 것이다.

30 성공과 시테크

얼마 전만 해도 우리는 성공비결을 재(財)테크와 연관시켰다. 그런데 요즈음 성공비결을 시(時)테크로 이해한다. 이렇게 시테크가 사람들 사이에 회자되고 있지만 우리는 정작 왜 시테크가 중요한가, 시테크가 정말 성공을 가져오는가, 또 어떻게 시테크를 해야 하는가 등은 진지하게 생각해보지 않는 것 같다.

시테크가 중요한 것은 바로 사회변화 때문이다. 후기자본주의 시기까지만 해도 자본을 효율적으로 투자하고 재투자해서 자본을 증식하는 것이 성공의 지름길이었다. 그러나 지식정보사회가 도래하면서 상황이 많이 달라졌다. 지식정보사회는 시간을 소비의 대상이 아니라 생산의 수단으로 활용하기 때문에 시간 관리를 통해서 많은 시간을 확보하고 이를 생산적인 활동에 많이 할애 하는 사람은 성공할 수 있지만 그렇지 못한 사람은 실패할 수밖에 없다. 시간이 돈이 되고 권력과 권위가 될 수 있는 지식정보사회에서 시테크가 성패의 키가 되는 것이다.

시테크 전략

시테크를 잘 하면 정말 성공할 수 있을까? 2006년 직장인 1500여 명을 조사한 미국 '리쿠르트' 조사에 의하면, 근무시간의 30% 정도를 중요한 일에 투자한 사람은 CEO급까지 승진할 수 있었던 반면에 그렇지 않은 사람은 평범한 직장인에 그치고 말았다고 한다. 세상에 엉덩이에 불이 날 정도로 바쁘게 일하는 직장인이 얼마나 많은데 근무시간의 30% 정도를 중요한 일에 할애해서 어떻게 CEO까지 승진할 수 있을까? 평범한 직장인에 머물렀던 사람들은 많은 시간을 중요하지 않은 일, 불필요한 일에 할애하여 결과적으로 바쁘기는 했었지만 그들의 성과는 미미했던 것이다. 시테크는 '시간을 확보하는 것'에 있는 것이 아니라 '확보한 시간을 중요한 일에 투자하는 것'이라고 할 수 있다.

시간투자의 우선순위

그렇다면 우리는 어떻게 시테크를 해야 하는가? 피터 드러커(Peter Drucker)는 저서 〈효율적인 경영자 The Effective Executive〉에서 이 해답을 제시했다. 즉 바람직한 시테크를 위해서는 먼저 가계부를 적듯이 시간을 기록하는 습관을 가져야 한다. 이런 기록이 있어야 시간낭비가 어디에서 일어났는가를 찾아낼 수 있고 이를 개선하여 절대 시간을 확보할 수 있다. 다음은 급한 것보다는 중요한 것을 먼저 하도록 시간투자의 우선순위를 정해두는 것이다. 마지막으로 중요한 일에 시간을 투자할 때도 시간을 묶음으로 사용하여 자투리 시간이 발생하는 것을 최소한으로 줄여야 한다. 일을 분산해 놓고 산발적으로 처리하게 되면 시간의 손실이 많기 때문이다.

시테크의 중요성과 그 방법을 안다고 해서 우리 생활이 자동적으로 시테크 프로그램에 따라 움직이는 것은 아니다. 아는 것과 실천에 옮기는 것은 전혀 별개의 문제이다. 당장 오늘부터라도 등하교 시간에 영어단어 20개씩만 외워보자. 한 학기 16주의 한주 5일만 계산해도 80일, 한 학기에 1600개 단어를 외울 수 있다. 1년이면 3,200개, 4년이면 12,800개. 대학을 졸업할 때면 상당한 수준의 영어실력을 확보하지 않겠는가.

31 성폭력 없는 대학캠퍼스

얼마 전 고대 의대에 재학 중인 남학생들이 같은 학과 여학생을 성추행하고 동영상으로 신체를 촬영한 사건이 발생했다. 이 사건으로 구속기소된 이들은 조만간 어떤 형태로든 징계를 받게 될 것 같다. 음지로 숨어들 수 있는 사건이 세상에 알려진 것은 참 다행이 아닐 수 없다. 하지만 사건보도 이후 많은 사람들은 성폭력이 발생한 대학캠퍼스의 심각성보다는 이들이 어떤 징계를 받게 될 것인가에 몰입했다.

'성폭력 없는 대학캠퍼스'를 만들기 위해서는 가해자에 대한 엄중한 처벌을 마련하는 것이 중요하다. 하지만 그보다 더 중요한 것은 성폭력 사건이 다시 재발하지 않도록 근본적인 조치를 취하는 것이다. 이번 사건을 계기로 언론도 처벌에만 초점을 둘 것이 아니라 도처에서 벌어지는 성폭력의 현주소를 낱낱이 밝히고 이에 필요한 대안을 제시하는데 눈을 돌려야 할 것이다.

성폭력 방지 프로그램

우리와 마찬가지로 미국 대학도 성폭력으로 몸살을 앓고 있다. 전미 여성교육재단위원회(the American Association of University Women's Educational Foundation, 2005)에 의하면 여자 대학생 62%, 남자 대학생 61%가 대학에서 성적 시달림을 받은 경험이 있다고 한다. 전미 정의연구위원회(U.S. Department of Justice Study, 2007)도 비슷한 통계를 제시한 바 있다. 여자 대학생은 5명 중 1명 그리고 남자 대학생 16명 중 1명이 강간 내지는 성 희롱의 피해자라고 한다. 이들 통계수치가 보여주는 것처럼 성폭력은 더 이상 여성에만 한정된 문제(gender - specific phenomenon)가 아니라 성을 초월하여 일어나는 심각한 사회문제가 되었다.

캠퍼스에서 일어나는 성폭력의 심각성을 인식한 미국정부도 성폭력 방지 대책마련에 전력을 기울이기 시작했다. 지난 4월 바이든 미국 부통령과 던컨 교육장관이 뉴햄프셔 대학교(the University of New Hampshire)를 방문해 대학이나 고등학교에서 벌어지는 성폭력을 근절하기 위한 구체적인 대응방안을 마련할 것을 촉구한 것도 이러한 맥락에서 이루어진 것이다.

전문가들은 개인 차원이 아닌 시스템 차원에서 성폭력 근절 대책을 마련해야 한다는데 의견을 같이하고 있다. 이들에 의하면 피해자가 호루라기를 착용하고 있다 이를 불거나 후추 가루를 소지하고 있다 뿌리는 방법 등은 임시방편에 불과한 것이지 성폭력을 근절할 수 있는 근본적인 처방이 될 수 없다고 한다.

지역사회 연계프로그램

미국 대학은 성폭력을 줄이기 위해 다양한 형태의 시스템을 캠퍼스 내에 갖추기 시작했다. 그리고 이 시스템을 지역사회의 안전망과 연계하여 활용하는 방안도 모색하고 있다. 예를 들면 오하이오의 에크런 대학(the University of Akron)은 대학 내에 성폭력을 전담하는 경찰서, 상담과 검사를 수행하는 커리어센터, 거주 및 생활을 지원하는 센터, 사법 관련

업무를 전담하는 부서, 공공의료 시설을 제공하는 부서, 동등한 고용기회를 감시하는 사무실 등을 설치하여 운영하는 한편 대학 주변의 메디이나(Medina)시나 서밋(Summit)시의 강간위기센터 등과 유기적인 협조체계를 유지하고 있다. 그 외에도 에크런 대학은 캠퍼스 내에 긴급 상황센터, 중재상담센터, 상담 및 치료센터, 법률 지원센터 등을 운영하고 있다. 대학 당국은 이러한 서비스를 무료로 제공할 뿐만 아니라 모든 과정은 피해자의 사생활이 노출이 되지 않도록 은밀하게 진행한다.

성폭력의 심각성을 인식하기 시작한 우리 정부도 이를 근절할 수 있는 대안을 찾는데 부심하고 있다고 한다. 그 계획에 의하면 조만간 새로 개발한 성교육교재를 전국 초중고교에 배포할 예정이라고 한다. 늦었지만 성폭력을 정부차원에서 대처하기 시작한 것은 여간 다행이 아니다. 하지만 그 교재의 내용이 여전히 과거의 사고를 벗어나지 못한 것이라서 염려가 적지 않다.

캠퍼스 성폭력이 비일비재하고 일부는 그 수위가 심각한데도 불구하고 "급소를 발로 차라"고 가르쳐서 성폭력을 대처하려고 하는 정부의 대안은 실망스럽기만 하다. 성폭력은 잠재적 피해자가 책임지는 것에서 벗어나 제도적으로 접근할 때 비로소 근절될 수 있는 것이다. 우리 자녀들을 성폭력으로부터 자유로운 세상에서 살도록 하기 위해서는 급소를 차는 기술을 가르치는 것에 덧붙여 종합적이고 제도적인 장치를 제공하는 것이 필요하다.

성폭력 보도 가이드라인('성폭력 피해자' 인권보호)

언론은 성폭력 사건을 보도하는 과정에서 무엇보다 '공공성 추구'해야 한다. 한국여성민우회 성폭력상담소가 제안한 '성폭력 피해자'의 인권을 보호하는 보도 가이드라인다음과 같다.

▶ 폭력의 성애화 : 성폭력은 명백한 폭력이다. 성폭력을 가해자의 변명을 인용해 설명하거나 희화화, 선정적으로 보도해서는 안 된다.

- 성폭력 사건을 선정적이고 호기심을 자극하는 이야기꺼리로 다루지 않는다.
- 폭력인 사건을 연애, 성적인 관계로 바라보지 않는다.
- 피해의 내용을 자세히 묘사해 선정적으로 보도하지 않는다.

▶ 잘못된 통념 재생산: 성폭력에 대한 잘못된 통념을 재생산할 수 있는 보도를 해서는 안 된다.

- 성폭력을 일상과 분리된 범죄로만 부각하지 않는다.
  (예, 가해자를 쉽게 정신이상이나 인면수심, 짐승으로 취급하고 비일상적인 인물로 묘사함.)
- 단순한 성욕의 문제로 성폭력을 바라보지 않는다.
- 폭력을 '딸'들과 '딸 가진 부모'가 조심해야 하는 범죄로 다루지 않는다.

- 성폭력 사건 예방을 위해 '피해자가 되지 않기' 위한 여성 개인의 예방만을 강조하지 않는다.
- 성폭력을 여성의 순결함이 훼손된 일, 그러므로 수치스러운 일로 바라보지 않는다.
- 자신의 가해를 변명하는 가해자의 말을 부각시키는 보도하지 않는다.
- 폭력성을 희석시키는 용어를 사용해 사건이나 가해자를 지칭하지 않는다.

▸ 실효성 없는 대책을 부풀리기: 성폭력 문제 대책 보도에 있어 현행 법 제도가 피해자의 권리를 보장하기에 부족한 지점들이나 제도개선을 위한 쟁점들을 구체적으로 검토하여 '실질적 공공성'을 갖추어야 한다.

- 검증되지 않은 대책을 단순 나열하지 않는다.
- 논의 과정 중에 있는 정책을 이미 시행 중인 것으로 오독하게 하는 표제를 쓰지 않는다.

▸ 정치적 쟁점의 소재로 성폭력 사건 이용: 성폭력은 피해자 인권의 문제이다. 성폭력 사건을 다른 정치적 공방의 소재로 비화시켜서는 안 된다.

- 성폭력을 정치적 공격의 소재로 이용하거나, 정치적 공격의 소재로 이용하는 행태를 여과 없이 보도하지 않는다. (한국여성민우회 성폭력상담소 제안)

〈출처〉 한국여성민우회 성폭력상담소(http://fc.womenlink.or.kr/438)

32 사교육에 대한 미국인의 열정

내년부터 전국 초중고교가 주 5일 수업을 본격화할 것이라고 한다. 이에 대한 발표가 나오자 가중될 사교육비를 걱정하는 목소리가 커지고 있다. 우리 사회의 부모들이 얼마나 많은 돈을 사교육에 투자해 왔는가를 생각해 보면 주 5일 수업이 본격화되기 전부터 왜 이런 걱정부터 하는가를 이해할 수 있을 것 같다. 통계청 자료에 의하면 2010년 한 해 동안 우리 사회의 학부모들은 총 20조 9,000억 원을 사교육비로 지출했다. 자녀 1인당 월평균 24만 원을 사교육비로 지출한 셈이니 그 부담이 만만치 않았던 것이다.

사교육 열풍은 우리 사회에만 존재하는 것은 아니다. 미국의 경우도 한국 못지않게 사교육을 적극 활용하고 있다. 차이가 있다면 사교육에 대한 선택과 방법일 것이다. 한국에서 사교육은 대체로 '영어'와 '수학' 등 주요 과목에 집중된다. 반면 미국의 사교육은 예체능 과목을 선호하는 경향이 높다. 뿐만 아니라 이들은 특정 분야에 집중하기보다는 다양한 분야를 섭렵할 수 있도록 한다. 예를 들어 스포츠 사교육을 하더라도 자녀를 한 가지 종목에만 전념하게 하는 것이 아니라 축구, 농구, 댄스, 수영, 기계체조 등 다양한 운동을 입문할 수 있도록 한다. 이런 과정을 거치면서 특별한 소질을 보이는 종목을 발견하게 되면 자녀가 그 종목에 집중할 수 있는 환경을 마련해준다.

미국의 사교육 열풍

미국의 사교육이 다양성을 유지할 수 있는 이유는 특별한데 있는 것 같지 않다. 필자가 보기에 그 열쇠는 사교육을 계절의 변화와 연결시키는 것 그리고 사교육의 담당자들이 교육을 영리목적으로만 운영하지 않는다는 것이었다. 예를 들면 사교육 담당자들은 겨울에는 야외 운동장을 이용한 스케이트 프로그램을 그리고 여름에는 노천 수영장을 이용한 수영 프로그램을 개설한다. 이런 프로그램이 있기 때문에 스케이트나 수영에 관심이 있는 학생들은 계절프로그램에 참여하여 저렴한 가격으로 철에 맞는 운동을 즐길 수 있는 것이다. 한편 이런 프로그램을 운영하는 사교육 기관은 이득의 일부를 연계된 학교에 기부하여 학교운영에 도움을 주고 있다.

또 미국은 시민이 주관하는 비영리 단체가 사교육에 개입하는 경우가 많다는 것이다. 미국의 어떤 도시를 가더라도 시민이 주관하는 축구, 농구 등의 방과 후 스포츠 프로그램을 쉽게 찾아볼 수 있다. 예를 들면 오하이오주의 중소도시 와즈월스(Wadsworth)에는 시민이 참여한 단체가 저렴한 연회비를 받고 운영하는 초중고생 대상 축구, 농구 프로그램 등이 인기를 끌고 있다.

한국과 미국은 사교육 프로그램을 다른 방식으로 운영하고 있다. 먼저 사교육 의존도가 다르다. 한국은 사교육에 크게 의존하는 반면 미국의 경우는 상대적으로 적게 의존한다. 한국의 경우 아이들은 수업이 끝난 후 매일 학원을 드나들면서 오후시간 대부분을 보내는 반면 미국 아이들은 1주에 1~2회 프로그램에 참여하여 30~45분 정도의 시간을 보내는 것이 전부다.

창의성 개발

또한 사교육 현장과 부모 사이의 심리적 거리도 다르다. 한국의 경우 아이들은 수업이 끝나면 학원에서 운영하는 차를 타고 학원으로 직행한다. 부모가 학원교사나 직원을 대면하거나 프로그램의 진행과정을 관찰하는 경우는 거의 없다. 그렇기 때문에 부모는 사교육 현장에서 이방인으로 남을 수밖에 없다.

반면 미국인 부모는 자녀의 사교육 현장에 참여하는 것을 기본으로 한다. 특히 중산층의 경우는 더욱 그렇다. 자녀가 방과후 프로그램에 참여하게 되면 부모가 직접 데리고 다니며 사교육 현장을 지근거리에서 관찰한다. 예를 들어 자녀가 축구나 농구, 수영 프로그램에 참여하면 부모들은 체육관 의자에 앉아서 처음부터 끝까지 경기와 훈련을 지켜본다. 자녀가 피아노나 바이올린 레슨을 받을 경우도 마찬가지로 부모는 자리를 떠나지 않고 레슨의 전 과정을 지켜본다. 이런 이유 때문에 미국 부모는 자연스럽게 사교육 현장의 중요한 참여자가 된다. 또 이들은 그 현장에 모인 다른 부모들과 친밀한 커뮤니케이션을 할 수 있는 관계를 형성한다.

미국은 사교육을 공교육으로 충족할 수 없는 학습의 보완기능 혹은 자녀의 창의력 개발, 체력 증진이나 예술성 함양을 위한 대체 공간으로 활용하고 있다. 예를 들면 예능이나 스포츠와 관련된 다양한 종목을 자녀에게 제공하여 이를 섭렵하게 해서 재능을 확인하거나 풍요로운 인생을 설계할 수 있는 기초 자원으로 활용한다. 많은 미국인들이 몇 개의 스포츠를 즐길 수 있을 만큼 할 수 있는 것, 여러 개의 악기를 다룰 줄 아는 것 등이 바로 이런 사교육의 전통과 무관치 않아 보인다. 우리가 본받아야 것이 바로 이런 것이 아닌가 하는 생각이 든다. 우리 사회도 앞으로는 자녀 사교육을 자녀의 창의성을 개발하고 풍요로운 인생의 기초가 될 수 있는 유익한 공간으로 만들기를 바란다.

33 남편이 차린 밥상

한 조사에 의하면 맞벌이 부부의 아내들은 가사에 하루 평균 2시간 38분을 할애하는 것으로 나타났다. 이는 남편(24분)의 가사노동 시간보다 7배나 많은 것이다. 맞벌이 가구의 가사노동이 이렇게 불평등하게 배분되는데, 전업주부의 경우는 더 말할 것도 없을 것이다.

미국은 가사노동을 비교적 공평하게 배분하는 것으로 알려져 있다. 예를 들면 아내가 요리를 하면 남편은 잔디를 깎고 아내가 세탁을 하면 남편은 아이를 돌보거나 집안청소를 한다. 아내가 자녀의 등교를 맡고 남편이 자녀의 하교를 맡는 경우도 적지 않다. 물론 남편의 직업에 따라서 아내가 가사노동을 전적으로 담당하는 경우도 있지만 이는 특별한 경우에나 일어나는 일이다.

가사노동 분배

미국에서 가사노동은 주로 부부의 경제력과 맞물려 배분된다. 이것은 필자의 지인에게서도 나타났다. 필자가 이들 부부를 처음 알았을 무렵 번역사인 아내가 연구원인 남편보다 월급을 더 많이 받고 있었다. 당시 남편은 아내를 대신해서 중요한 가사노동의 대부분을 처리했다. 아내는 세탁과 같은 비교적 수월한 일에만 가담했다. 요사이 그들의 가사배분에 큰 변화가 일어났다. 이런 변화는 아내의 일자리가 정규직에서 시간제로 전환된 이후부터 나타났다. 아내의 월급이 예전 같지 않게 되면서부터 아내가 요리와 청소를 하면 남편은 설거지를 하는 정도로 집안일이 이루어지고 있다.

이와는 달리 우리 사회는 아내의 경제력과 무관하게 가사노동을 배분한다. 직업을 갖던 그렇지 않던 집안일은 여전히 아내의 몫이다. '부엌은 아내의 것'이라는 가부장적 사고 속에서 가족을 잘 챙기는 아내를 '훌륭한 여성'으로 규정한다. 그렇기 때문에 직장 여성들은 가사노동으로 인하여 정신적으로나 육체적으로 소진(burn-out)되기 십상이다.

몇 가지 요인이 가사 특히 부엌일과 관련된 양국 간의 차이를 만드는 것 같다. 첫 번째로 생각해 볼 수 있는 요인은 성역할 관념의 차이다. 우리 사회는 예나 다름없이 남존여비 사상을 보존하고 있다. 그렇기 때문에 대부분의 가정은 남자를 부엌에 들이려 하지 않는다. 부엌일을 가까이 하지 않았기 때문에 남자들은 음식 만드는 법을 전혀 알지 못한다. 반면 미국인은 양성평등 의식을 갖고 있기 때문에 성과 무관하게 어려서부터 부엌일을 배운다. 대체로 아이들은 성에 관계없이 10살 정도 될 무렵부터 요리를 배우기 시작하는 것 같다. 그래서 그런지 초등학교 고학년이 되면 많은 미국 자녀들은 집에서 브라우니나 컵케이크를 스스로 만들어 먹을 정도가 된다. 어려서부터 이렇게 부엌일과 친숙해 있기 때문에 미국에는 아내 못지않게 경우에 따라서는 아내보다 더 요리를 더 잘하는 남편들이 많다.

두 번째 요인으로는 음식의 차이를 들 수 있다. 미국 음식은 조리과정이 매우 간편한 것이 많다. 구운 감자(baked potato)처럼 슈퍼에서 재료를 구입하여 오븐에 익히기만 하면 되는 것도 있다. 그렇기 때문에 남녀 누구라도 마음만 있으면 어려움 없이 식탁을 차릴 수 있다. 이에 반해 한국 음식의 대부분은 복잡하고 정교한 조리 과정을 필요로 한다. 김치만 해도 그렇다. 만드는 과정이 복잡하고 솜씨를 요한다. 이렇듯이 음식 만드는 것을 배워본 적이 없는 남편은 마음이 있어도 가족을 위해 식사를 준비할 수 없다.

유연근무제 활성화

마지막으로 생각해 볼 수 있는 요인은 유연근무제의 활성화다. 일의 성격에 따라 차이가 있지만 미국의 많은 회사들은 오래 전부터 직원들이 재택근무, 주 4일제 근무, 이른 출근 및 퇴근 등을 선택할 수 있는 제도를 마련해 놓고 있다. 이렇게 근무시간을 탄력적으로 운용할 수 있기 때문에 미국 남편들은 필요가 생기면 가사노동에 할애할 수 있는 시간을 확보할 수 있다. 우리 사회에는 아직 그런 직장분위기가 활성화되어 있지 않아서 직장에 다니는 남편이 가사활동을 위해 시간을 내기가 쉽지 않다. 근무방식에 특별한 변화가 없는 한 한국의 남편은 상당기간 '영원한 손님'으로 살아가야 할 것 같다.

이제 우리 사회도 가사노동의 평등한 배분에 대하여 심각하게 고민을 할 필요가 있을 것 같다. 여성의 교육수준이나 노동시장 참여가 선진국 수준인 오늘날 우리가 성역할 고정관념에 사로잡혀 여성을 가정영역에 한정하려고 하는 것은 시대착오적인 발상이다. 우리 사회가 전방위적 노력을 통해서 양성평등을 사회전반에 확산시킬 수 있을 때 국가 경쟁력도 배가될 수 있을 것이다. 남편이 아내를 위하여 정성스럽게 밥상을 차려 주는 것이 특별한 이벤트가 아닌 날이 가까운 미래에 실현되기를 기대해 본다.

성평등 관련 '인권보도준칙'

1. 언론은 성별과 성 역할에 대한 고정관념을 강화하는 성차별적 표현을 사용하지 않는다.

가. 양성의 특성을 지나치게 부각하거나 성별을 불필요하게 강조하지 않는다.

나. 가부장적 표현이 드러나지 않도록 주의한다.

다. 성별에 대한 고정관념을 야기하는 표현을 사용하지 않는다.

라. 양성의 성역할을 이분법적으로 고정화하여 표현하지 않는다.

2. 언론은 사람을 성적으로 대상화하거나 성을 상품화하는 보도를 하지 않는다.

가. 성적 또는 신체적 특성을 과조하게 강조하지 않는다.

나. 사람의 특정 신체 부위를 부각하는 사진이나 영상을 사용하지 않는다.

(한국기자협회·국가인권위원회 제정)

〈출처〉 한국언론진흥재단(2014). 언론인이 알아야 할 취재보도 가이드

34 미국 학교교육과 '리세스'

미국교육 가운데 두드러진 것 하나가 '리세스(recess)'를 강조하는 것이다. '리세스'는 말 그대로 아이들이 교실 밖에서 대화를 하거나 놀이를 하는 휴식 시간을 말한다. 물론 우리 교육도 '리세스'에 해당하는 것을 운영하고 있다. 수업 중간 중간에 아이들이 자유롭게 쉬는 시간을 갖는 것이 바로 그것이다. 우리의 경우 상당수 학생들은 쉬는 시간임에도 불구하고 운동장에서 노는 대신 교실에 남아 책을 읽거나 공부를 한다.

미국의 경우 '리세스'에 학생들은 특별한 사정이 없는 한 교실에 남을 수 없다. 그러다 보니 악천후가 아닌 한 아이들은 '리세스'마다 운동장에 나가 자연과 함께 하면서 친구들과 어울리게 된다. 눈싸움·술래잡기·나무타기 등을 하는 아이들이 있는가 하면 끼리끼리 모여서 재잘거리는 아이들도 있다. 미국아이들은 '리세스'를 이렇게 보냄으로써 신선한 공기를 마시면서 친구들과 즐거운 시간을 갖고 학습을 위한 재충전의 기회로 활용하고 있다.

교육전문가들은 '리세스'를 심신을 재충전시켜 주는 기제, 원활한 커뮤니케이션을 구축해주는 기제, 학습효과를 높여주는 기제라고 찬양하면서 이것을 잘 활용할 것을 주장하고 있다.

미국 부모의 교육열

미국 오하이오(Ohio)주에 소재한 사립학교 스프링 가든 왈돌프 스쿨(Spring Garden Waldorf School)은 주변 공립학교보다 두 배나 많은 '리세스'를 운영한다. 이 학교는 아침 8시 15분부터 정규 수업시간이 시작되는 30분까지 15분 동안 첫 번째 '리세스'를 실시한다. 아이들은 등교하자마자 복도에 가방을 놓고 운동장으로 향한다. 운동장에 대기하던 담임교사들은 학생을 한명씩 차례로 악수로 아침인사를 한다. 아침인사가 끝나면 아이들은 끼리끼리 모여 이야기를 하거나 놀이를 한다. 두 번째 '리세스'는 점심 직전 간식시간에 실시되는데 이때는 같은 반 아이들끼리 20분가량 놀게 된다. 세 번째 '리세스'는 점심 후 20분간 이루어지는데 이때는 학년에 관계없이 아이들이 모여서 다양한 유형의 운동경기를 하면서 친목을 도모하고 또 체력도 관리한다.

교육열과 관련하여 미국 부모도 한국 부모 못지않게 매우 높다. 학교 선택과 참여과정을 살펴보면 이들이 자녀교육에 대해 얼마나 많은 관심을 갖는지 잘 알 수 있다. 어떤 부모들은 집 가까이 있는 공립학교를 마다하고 다른 시에 위치한 사립학교에 자녀를 입학시킨다. 비싼 수업료를 감수하는 것은 말할 것도 없고 수년 동안 매일 1~2시간 가까이 자가용으로 아이를 실어 나른다. 부모들은 자원봉사를 자처해서 학교에서 이런 저런 행사에 경쟁적으로 참여한다. '치맛바람'은 어쩌면 이러한 것을 두고 하는 말이 아닐까 싶을 정도이다. 미국 부모들이 자녀를 사립학교에 다니게 하려고 하는 중요한 이유가운데 하나가 바로 사립학교가 공립학교보다 '리세스'를 더 많이 배정하고 이를 효율적으로 활용하기 때문이라고 한다.

자연친화적 놀이문화

우리 아이들은 미국 아이들에 비해 '놀이문화'에 덜 익숙하다. 이러한 차이는 '잘 노는 사람보다는 공부 잘하는 사람'을 환영하는 문화에서 비롯된 것일 것이다. 필자의 딸도 미국 초등학교로 전학하면서 '리세스' 적응에 상당한 공을 들였다고 한다. 잘 노는 행위는 타인과의 매끄러운 커뮤니케이션 관계에서 비롯된다. 잘 노는 사람은 주변에 늘 사람을 끌어들여 누군가와 무엇인가를 함께 할 수 있다. 그런 면에서 본다면 '놀이'는 '더불어 사는 사회', '팀워크' 등을 조성하는 기반의 역할을 한다고 할 수 있다.

미국교육이 '리세스'를 그렇게 강조하는 이유는 학교교육이 단순한 지식추구의 공간이 아니라 자기발견, 창의성 개발, 체력증진, 원활한 커뮤니케이션 구축의 과정으로 구성되어야 하기 때문이다. 나아가 '리세스'를 통해서 아이들은 심신을 발달시킬 뿐만 아니라 무엇보다 자연친화적인 의식을 함양할 수 있다.

최근 미국 부모들이 학력저하를 이유로 중요과목의 비중을 확대하고 '리세스'를 축소하려는 교육당국의 시도에 반발하고 있는 것도 바로 이러한 기능을 하는 '리세스'에 대한 믿음과 무관치 않다. 미국 부모들은 비록 수학 올림피아드에서 우리 자녀가 꼴등을 하더라도 교육은 아이들의 건강한 심신의 발달, 자기발견, 창의성 개발 등에 초점을 두어야 한다고 굳게 믿고 있다. 우리 교육도 '리세스'의 비중을 늘려 아이들의 정신과 신체가 건강하게 성장할 수 있도록 시도해보는 것이 어떨까.

35 한국의 음악교육은 수준급인가

요즈음 해외유학 열풍이 점점 더 거세지고 있다. 작년 만해도 한국은 중국, 인도와 더불어 미국에 가장 많은 유학생을 보냈다고 한다. 조기유학 붐까지 일어나 초등학생들까지도 유학 행렬에 가세하고 있다. 초등학생이 전체 유학생의 40%를 넘어선 것이 벌써 몇 해째다. 이런 수치들은 한국 부모가 얼마나 자녀교육에 많은 관심을 갖고 있는지를 잘 대변한다. 상황이 이러하다 보니 '나 홀로 유학생', '기러기 아빠' 등과 같은 이야기들이 많은 사람들 사이에서 회자되고 있고 자식을 유학시키는 것이 마치 부모사랑의 징표인 것처럼 생각하는 문화까지 생겨나고 있다.

다행인 것은 미국에 유학중인 한국 초등학생들이 놀라울 정도로 새로운 교육환경에 잘 적응하고 있다는 점이다. 특히 이들은 예능분야에서 탁월한 능력을 보여준다. 한국의 아이들은 피아노면 피아노, 바이올린이면 바이올린을 기막히게 연주할 수 있다. 이는 부모들이 5~6살 때부터 아이들을 음악학원에 보낸 결과에서 비롯된 것임에 틀림없다. 한국 부모의 음악교육과 관련된 이야기 가운데에는 신화수준인 것도 적지 않다. 한국인 엄마가 미국 아이들이 클라리넷에 관심을 갖지 않는다는 것을 알고 자기 아이에게 클라리넷을 가르쳐서 명문대에 입학시켰다는 이야기는 이제 진부한 스토리로 남아 있을 정도다.

예능교육의 획일화

한국의 음악교육이 나름대로 외형적인 성공을 거두고 있지만 여전히 질적인 면에서 개선이 요구된다. 그 가운데 하나가 음악교육을 과감하게 수용자 중심으로 전환하는 것이다. 미국 부모들은 아이를 전문예술인으로 만들려고 하지 않는 한 예능교육을 취미생활의 연장선상에서 이루어지도록 한다. 이러한 환경 때문에 미국아이들은 스스로 시행착오를 거치면서 자기가 흥미를 갖는 악기를 찾아낸다. 만약 피아노를 치다가 흥미를 잃으면 그만 두고 다른 악기로 전환한다. 그러다 어떤 악기에 관심을 갖게 되면 일주일에 한두 번 레슨을 받으면서 훈련을 한다. 많은 경우에 이들은 성인이 돼서도 어렸을 때부터 배운 악기를 연주하곤 한다.

한국 부모들은 이와는 전혀 다르게 접근한다. 자녀를 전문연주자로 키울 계획이 없더라도 악기 하나를 정해서 방과 후에 음악학원을 주5일씩 드나들게 한다. '서당 개 삼년이면 풍월을 읊듯이', 음악학원을 이렇게 들락거린 덕에 한국아이들은 유학을 갈 나이쯤이면 한 가지 악기를 능숙하게 다룬다. 문제는 대체로 아이들의 선택은 제한된 영역에서 타율적으로 이루어진다는 것이다. 아이들은 엄마가 시키기 때문에 이를 거부하지 못하고 악기를 하나 골라 싫든 좋든 주5일 학원에서 훈련을 한다. 그러다 보니 어느 순간 그것을 그만두면 아이들은 그 악기와 영영 멀어진다. 성인이 되어서까지 자기가 어려서 연주했던 악기를 연주하는 사람이 거의 없는 이유가 바로 여기에 있다.

예능교육 인프라 구축

두 번째로 개선할 점은 음악교육과 전인교육을 접목하는 것이다. 우리의 음악교육은 지금까지 기능과 성과를 중시해서 아이들이 악기를 얼마나 잘 연주하느냐에 관심을 집중해 왔다. 물론 아이들이 악기를 다루는데 필요한 기능을 습득하는 것도 중요하다. 하지만 그보다 더 중요한 것은 어린아이들이 음악활동을 하면서 사람이 사는 방식을 배우는 것이다. 특히 소통하고 협력하는 방식을 배우는 것이 중요하다. 이와 관련해서 미국의 사례는 우리에게 교훈을 줄 수 있을 것이다. 우리와 달리 미국의 음악교육은 한두 명의 영웅을 만드는 것보다는 여럿이 모여 화음을 만드는 방식을 가르치는 것에 초점을 맞추고 있다.

미국의 오하이오주 스프링가든 왈도르프 학교(Spring Garden Waldorf School)의 경우가 좋은 예가 된다. 이 학교는 매월 첫 번째 월요일 학부모를 강당에 초청해서 각 학년별로(4학년부터 8학년) 음악회를 연다. 한 달 간 아이들이 학교에서 배우고 연습한 것을 학부모에게 보여주는 셈이다. 모든 연주는 오케스트라의 협연형식으로 이루어진다. 이런 풍경은 우리 사회에서 쉽게 접하기 어려운 것이다. 미국의 초등학교들이 이렇게 오케스트라 협연만으로 음악회를 채우는 이유는 바로 이러한 협연을 준비하는 과정을 통하여 아이들에게 상호이해, 신뢰구축, 팀워크의 중요성 등을 가르치려고 하기 때문이다.

얼마 전 전라북도 내 한 신문이 인성과 학력교육의 모범이 되는 학교를 소개한 적이 있었다. 이 학교는 자율학교로 지정되면서부터 구성원 모두가 피나는 노력을 한 결과 지금은 타지에서도 지원자가 몰려드는 경쟁력 있는 학교가 되었다. 이러한 성과는 방과 후 시간을 활용한 특성화 프로그램, 특히 학생들이 악기를 선택해서 함께 연주하는 음악 프로그램을 운영한 것이 한 몫 했던 것 같다.

우리 사회도 잘 구축되어 있는 음악교육 인프라를 공교육의 교육목표와 연결시켜 낸다면 인성교육에 대한 우려를 털어낼 수 있을 것이다. 나아가 이와 관련된 아이디어를 발전시켜 나간다면 우리도 머지않아 음악교육을 수출하는 국가로 이름을 올릴 수 있을 것 같다.

36 한식의 세계화와 김밥

우리는 미국에서 여행을 하다 보면 예상하지 못한 곳에서 한국인을 어렵지 않게 만난다. 애리조나 사막에 위치한 작은 도시에서도, 펜실베니아의 산골마을에서도, 실업률이 높기로 유명한 오하이오의 작은 동네에서도 우리는 한국인을 쉽게 만날 수 있다. 한국의 국가 경쟁력이 열손가락에 꼽힌다는 통계 자료가 아니더라도 타국에서 당당하게 활동하는 한국인들을 보면 한국의 위상을 피부로 실감할 수 있다. 필자가 만난 대다수 해외 교민들은 미국에서 잘 사는 편에 속한다. 이들의 성공은 잘 살아보겠다는 의지와 강한 추진력 그리고 근면성에서 비롯된 것 같다.

한국의 위상이 높아지면서 미국 대형 슈퍼마켓도 너나 할 것 없이 한국산 라면이나 쌀을 판매하고 있다. 필자가 거주하는 오하이오 작은 동네 와즈웥스(Wadsworth)의 월마트(walmart)나 자이언트 이글(Giant Eagle)과 같은 곳에서도 신라면이나 삼양라면을 구할 수 있다. 게다가 이들은 한국산 식품을 목이 아주 좋은 진열대에 진열해 놓고 있다. 우리 먹거리가 미국 땅 그것도 작은 소도시 미국 슈퍼마켓에까지 진출해 있다는 사실 그 자체만으로도 필자는 흥분이 된다.

한식의 세계화

최근 우리 언론은 한식의 세계화를 이슈로 삼아 경쟁적으로 보도하고 있다. 사실 그동안 전라북도는 한식을 세계화하고 선진화하기 위해 많은 노력을 해왔다. 세계적인 수준의 세미나와 문화행사를 개최해 왔을 뿐만 아니라 발효식품의 우수성을 알리는 것도 어느 지역보다 앞장서 왔다. 앞으로도 계속해서 전라북도는 한식의 세계화를 주도해 나갈 것 같다. 얼마 전 도지사가 도정을 발표하는 자리에서 지역발전의 성장 동력을 먹거리 산업에서 찾겠다고 강조한 것만 보아도 전북의 활발한 역할을 짐작할 수 있다. 엄청난 자본과 인력을 투자하여 전라북도가 시도하는 한식의 세계화 사업이 국내는 물론이고 해외에서도 성공하기를 기대한다.

한식을 미국시장에 성공적으로 뿌리내리기 위해서는 전략의 변화를 추구할 필요성이 있다. 특히 한식의 맵고 짠 맛과 유통의 문제를 극복할 필요가 있다. 현재 미국에서 유통되고 있는 한식은 맛에 있어서 미국화된 음식은 거의 찾아볼 수 없다. 한식의 대표상품인 비빔밥만 해도 그렇다. 미국인에게 비빔밥을 권유하면 야채로 만들어져서 건강식이라는 것에 대해서는 동의하지만 매운 맛 때문에 손을 대지 않는 경우도 많다. 여전히 맵고 짜다는 평가다. 맵고 짠 맛을 기피하는 외국인의 입맛을 극복하는 것이 세계화의 관건이 될 것이다. 또한 한식은 빠른 시간에 쉽게 먹을 수 있는 것이 없고 싸서 가져갈 수 있는(take out) 것도 거의 없다. 게다가 가격도 만만치 않다. 이러한 문제를 극복하지 못한다면 한식의 세계화는 단지 구두선에 그치거나 미국에 거주 교민들을 겨냥한 '한국식 세계화'에 머물 가능성이 크다.

이와 관련해서 중국음식이 미국시장에서 성공하게 된 비결을 참고할 필요가 있을 것이다. 특히 중국음식이 시도한 전략적 변화를 눈여겨 볼 필요가 있다. 중국인들은 미국시장을 공략하기 위해 중국음식의 변화를 추구했다. 미국인의 입맛에 맞게 맛과 향을 과감하게 바꾸었고 주문과 시식의 편이성을 최대한 살려냈다. 또 식자재의 유통혁신을 추구하여 다양한 메뉴를 햄버거 수준의 낮은 가격으로 공급할 수 있도록 했다. 바로 이러한 변화가 쇼핑몰 푸드 코트(food court)에서 미국인을 중국식당 앞에 줄을 서게 만든 것이다.

헬시 푸드의 성공가능성

요즈음 미국에서 인기를 끌고 있는 김밥에서 변화의 방향을 찾을 수 있을 것이다. 필자가 사는 동네의 미국 슈퍼마켓에서 얼마 전부터 다양한 종류의 김밥을 판매하기 시작했다. 동네 주민들이 김밥을 찾기 때문이라고 한다. 흰쌀밥에 소고기와 야채를 넣은 김밥, 검은 밥에 야채를 넣어 만든 김밥, 새우 등 생선을 넣은 누드 김밥 등 다양한 형태의 김밥들이 판매된다. 미국인들은 날로 된 생선이 들어가 있지 않았어도 이 김밥을 "스시(Sushi)"라고 부른다. 한국의 어느 지역 시장골목에서 사먹을 수 있는 바로 그 김밥이다. 가격도 햄버거 수준이다. 흰밥에 야채만 넣은 김밥 한 줄이 한국 돈으로 치면 4천원에 달한다. 사실 김밥 한 줄의 원가를 고려하면 엄청난 이윤이 남기는 것이지만, 미국인의 눈에서 보면 이는 싼 가격으로 인식되는 모양이다.

필자는 요즈음 김밥의 인기 때문에 큰 고민을 하나 덜었다. 딸아이가 다니는 학교에서 열리는 모임이나 행사가 있을 때마다 무슨 음식을 해가야 하나 걱정을 했었는데 얼마 전부터는 주저하지 않고 소고기와 야채나 새우와 야채로 만든 김밥을 만들어간다. 이 김밥이 가장 인기가 있어서 순식간에 접시가 비어 버린다. 중산층 계층에 속하는 이들이 김밥을 선호하는 이유는 맛이 자극적이지 않고 '헬시 푸드', '다이어트에 좋은 음식'이라고 생각하기 때문이다. 게다가 김밥은 가격도 저렴하고 피자나 중국음식, 멕시코 음식 등과 같이 주문과 시식이 편리하기 때문이다. 김밥의 인기비결을 다른 한식에 적용해 보는 것이 한식 세계화의 성공전략이 될 수 있을 것 같다.

37 무더위를 이기는 지혜

세상에서 가장 어울리지 않는 단어조합이 아마 '여름'과 '독서'가 아닌가 싶다. 사실 우리는 오랜 동안 '여름'을 '피서'와 그리고 '가을'을 '독서'와 연결시켜 생각을 해왔다. 누가 뭐래도 여름에는 더위를 피해 시원한 계곡을 찾아가 냇물에 발을 담그거나 아니면 바닷가를 찾아가 물놀이를 하는 것이 최고다. 또 가을에는 선선한 기후를 즐기면서 좋아하는 책 한두 권을 읽는 것이 최고의 행복감을 얻을 수 있다. 그래서 우리는 '여름피서'와 '가을독서'를 잘 어울리는 단어의 조합이라고 생각하고 살았다.

하지만 잘 어울려 보이는 '여름피서'라는 단어조합이 실생활을 들여다보면 현실을 반영하지 못하는 면이 있다. 생활인 대부분은 여름 내내 근거지를 피서지로 옮길 수 없다. 우리는 고작해야 3~4일 가장 더울 때를 택해 피서를 하고 일상으로 돌아간다. 여름휴가가 끝나고 나면 우리의 여가활용 방법은 매우 제한적이다. 더위가 여전히 기승을 부리기 때문에 밖에서 활동을 하기가 쉽지 않기 때문에 그렇다. 집안에서 할 수 있는 것이라고는 기껏해야 TV시청, 인터넷 서핑 등이다. 집밖에서 하는 활동이라고 해야 큰마음 먹고 하는 영화·연극관람이 고작이다. 그렇다 보니 여름에는 집안에서 유용하게 여가를 활용할 방법을 찾는 것이 중요하다.

놀이문화의 미비

놀랍게도 전혀 어울릴 것 같지 않은 단어조합, 즉 '여름독서'가 실생활에서 이루어지고 있다. 의외로 우리는 여름에 상당한 시간을 독서에 할애한다. 출판사나 서점도 여름을 겨냥한 독서 마케팅에 힘쓰고 있다. 세계 주요 30개국 국민 독서율(6.5시간/주)의 절반도 안 되는 시간(3.1시간/주)을 독서에 할애하는 우리 국민이 무더운 여름에 책을 더 읽는다는 것은 많은 의미를 담고 있다. 먼저 사람들이 말은 안했지만 오래 전부터 독서가 더위를 이기는 좋은 수단이라는 것을 알고 이를 실행해 왔다는 것이다. 사실 필자도 이런 부류에 속한다. 열대야의 밤이라도 맞게 되면 잠자리에 드는 대신에 거실에 앉아서 덜덜 거리는 선풍기를 돌려놓고 읽어보고 싶었던 책을 집어 든다. 책의 내용에 빠지다보면 더위를 느끼지 못할뿐만 아니라 어느새 나도 모르게 잠에 빠져든다. 잠자리에 누워서 뒤척거리다가 한숨도 못자고 날을 꼬박 세우는 것보다는 독서를 하다가 이렇게 잠드는 것이 훨씬 생산적이고 효과적이다.

독서는 쾌적한 때보다 그렇지 못한 때 하기가 훨씬 쉽다. 날씨가 좋은 날은 외부활동이 용이하기 때문에 독서보다는 다른 여가활동을 하고 싶은 유혹이 많을 수밖에 없다. 봄에는 꽃구경, 가을에는 단풍 구경을 해야하기 때문에 책 읽을 짬을 내기가 쉽지 않다. 책을 많이 읽었던 것으로 유명한 김대중 전 대통령이 독서의 대부분을 외부활동이 여의치 않았던 구치소 수감 시기에 했다고 하는 말이 이해가 가는 대목이다. 무더위로 인하여 외부활동이 여의치 못한 여름에 책을 읽게 되면 시간을 유용하게 보낼 수 있어서 좋고 자신의 경쟁력을 키울 수 있어서도 좋을 것이다.

독서 인프라 구축

독서로 무더위를 이겨보라고 하면 많은 사람들은 흔히 그런 말은 독서광에게나 해당되는 것이라고 생각한다. 하지만 이런 생각은 틀린 것이다. 세상천지 어디에도 독서광이란 것은 없다. 독서광이라고 하더라도 그 사람은 자기가 좋아하는 책을 열심히 읽을 뿐이지 흥미를 주지 않는 책도 읽는 것은 아니다. 이를 역으로 말하면 아무리 책을 안 읽는 사람도 즐거움을 주는 책을 접하게 되면 독서광이 될 수 있다. 책을 읽고 안 읽고의 차이는 즐거움을 얻을 수 있는 책을 내 곁에 갖고 있느냐 그렇지 않느냐의 차이일 뿐이다. 짜릿한 즐거움을 주는 책이 곁에 있으면 마치 밥상의 맛있는 반찬에 젓가락이 절로 가듯이 손이 저절로 가게 되어 있다.

요즈음 우리 사회도 웬만한 동네에 자치단체에서 운영하는 도서관이 있다. 독서 관련 인프라가 아주 잘 구축되어 있는 편이다. 거기에는 보통 사람들이 생각하는 것보다 훨씬 다양한 장르의 도서가 구비되어 있다. 만약 시설이용자가 찾는 도서가 그곳에 없을 경우에는 도서관 측에서 다른 곳에 연락하여 찾는 책을 구해준다. 올 여름 가까운 도서관에 가서 나에게 흥미를 줄 수 있는 책 몇 권을 대출해서 집에 두었다가 열대야의 밤에 읽어보기 바란다. 아마 여름 독서의 맛에 흠뻑 취해서 더위를 느끼지도 않고 보낼 수 있을 것이다.

38 생활밀착형 정치를 기대하다

지난 6월 2일 전국적으로 단체장과 교육감 그리고 의원을 뽑는 지방선거가 치러졌다. 이번 선거는 여러 면에서 달라진 양상을 보였다. 후보자들은 금권선거, 흑색비방 등을 지양하고 공약과 정책으로 승부하려 했고 유권자들은 또 이러한 변화에 호응을 보였다. 선거사범의 수는 현격하게 줄었고 유권자 특히 젊은 유권자의 투표율이 증가했다. 이러한 변화는 대단히 고무적인 것이었다.

이번 지방선거에서 나타난 변화를 4년 후 선거에서 더 바람직한 모습으로 진화시키기 위해서 우리는 이번 선거의 공과에 대해서 냉정하게 평가해 볼 필요가 있다 6.2 선거에서 나타난 바람직한 변화 가운데 먼저 지적할 만한 것은 고질적인 지역주의 병폐를 개선할 수 있는 희망의 씨앗이 뿌려졌다는 측면이다. 사실 너무 오랜 기간 동안 영호남의 유권자들은 중앙정치에 휘둘린 채 민주당 후보와 한나라당 후보에 대해서 '묻지마 투표'를 해왔다. 이러한 고질적인 병폐를 타파할 수 있는 희망의 조짐이 이번 선거를 통해 나타났다. 호남에서 처음으로 몇 몇 한나라당 광역단체장 후보들이 두 자리 수 득표율을 기록했다. 영남에서도 마찬가지로 비슷한 선거혁명이 일어났다. 전북에서는 한나라당 후보가 18.2%라는 득표를 했고, 경남에서는 무소속 후보가 도지사로 당선될 것이라고 누가 감히 상상이라도 했을까?

유권자의 인식변화

이러한 변화는 결코 우연한 것이 아니다. 이는 똑똑해진 유권자들이 지역주의가 만들어낸 병폐를 인식하고 이대로 두어서는 안 되겠다고 판단해서 작정하고 만들어낸 결과인 것이다. 각 정당들은 이러한 변화를 겸허하게 수용하고 더 이상 지역을 무기로 하여 유권자를 좌지우지하려는 생각을 버려야 할 것이다. 4년 후 지방선거에서 더 많은 유권자들이 지역정서보다는 인물과 정책으로 선거에 임할 것이라는 점을 여야 모두가 명심해야 할 것이다.

두 번째 바람직한 변화는 바로 젊은 유권자들이 투표에 적극적으로 참여하기 시작했다는 점이다. 지금까지 여러 선거를 통해서 젊은 유권자들이 투표에 무관심으로 대응해왔던 것은 사실이다. 그들이 선거에 무관심한 것은 그들만의 책임은 아니라고 본다. 매번 선거를 통해 선출되었던 사람들이 항상 그렇고 그렇기 때문에 이들은 선거에 냉소적이었을 것이다. 이들이 크게 변했다. 오랜 정치적 냉소가 불러온 폐해를 경험한 젊은 유권자들이 적극적인 자세를 취하기 시작했다. 젊은 유권자들의 정치적 의식변화, 즉 '우리 손으로 일꾼을 뽑자'는 의식은 이번으로 그치지 않을 것으로 본다. 다음 선거에서는 더 많은 젊은 유권자들이 앞서거니 뒤서거니 투표장을 찾을 것 같다. 다음 선거에서 후보자들은 얼마나 가슴에 와 닿는 정책을 가지고 젊은이들에게 접근하는가에 따라 승패를 달리하게 될 것이다.

생활밀착형 정치

물론 이번 지방선거에서 바람직한 변화만 있었던 것은 아니다. 선거 과정에서 구태정치가 여전히 재현됐다. 공천을 하면서 지역정당이 자기 사람 심기, 세 불리기 등을 어김없이 지속했고 정책보다는 지역정서에 호소하는 구태의연한 작태를 재현했다. 일부 후보는 표를 의식해서 실현 가능성이 없는 공약, 예를 들면 임기 내에 일자리 몇 만개를 창출하겠다는 약속을 서슴없이 해댔고 어떤 후보는 특정 사업에 대한 구체적인 방안도 없이 윗선과의 관계를 이용해 추진하겠다고 하면서 유권자의 표를 얻어내려 했다. 또 성차별적인 정치행태도 여지없이 반복됐다. 전라북도를 보더라도 도지사후보는 말할 것도 없고 전주시를 제외한 모든 기초단체장후보에 여성후보를 찾아보기가 어려웠다. 지역정치는 중앙정치와 달리 생활밀착형 정치라서 여성후보의 강점이 부각될 수 있었음에도 불구하고 이번 선거에서도 각 정당은 여성에게 기회를 부여하지 않았다. 4년 후 다시 치르게 될 지방선거는 이러한 구태정치의 유산들을 깨끗하게 청산할 수 있어야 할 것이다. 이러한 과감한 과거 청산이 있을 때에만 주민이 주인이 되는 진정한 지방자치가 실현될 수 있을 것이다.

신문윤리강령

제1조 언론의 자유
우리 언론인은 언론의 자유가 국민의 알권리를 실현하기 위해 언론인에게 주어진 으뜸가는 권리라는 신념에서 대내외적인 모든 침해, 압력, 재한으로부터 이 자유를 지킬 것을 다짐한다.

제2조 언론의 책임
우리 언론인은 언론이 사회의 공기로서 막중한 책임을 지고 있다고 믿는다. 이 책임을 다하기 위해 우리는 무엇보다도 사회의 건전한 여론 형성, 공공복지의 증진, 문화의 창달을 위해 전력을 다할 것이며, 국민의 기본적 권리를 적극적으로 수호할 것을 다짐한다.

제3조 언론의 독립
우리 언론인은 언론의 정치, 경제, 사회, 종교 등 외부 세력으로부터 독립된 자주성을 갖고 있음을 천명한다. 우리는 어떠한 세력이든 언론에 간섭하거나 부당하게 이용하려할 때 이를 단호히 거부할 것을 다짐한다.

제4조 보도와 평론
우리 언론인은 사실의 전모를 정확하게, 객관적으로, 공정하게 보도할 것을 다짐한다. 우리는 또한 진실을 바탕으로 공정하고 바르게 평론할 것을 다짐하며 사회의 다양한 의견을 폭넓게 수용함으로써 건전한 여론형성에 기여할 것을 결의한다.

제6조 반론권 존중과 매체 접근의 기회 제공
우리 언론인은 언론이 사회의 공기라는 점을 인식하여 개인의 권리를 존중하고 특히 독자에게 답변, 반론, 및 의견 개진의 기회를 주도록 노력한다.

제7조 언론인의 품위
우리 언론인은 높은 긍지와 품위를 갖추어야 한다. 우리는 저속한 언행을 하지 않으며 바르고 고운 언어생활을 이끄는데 앞장설 것을 다짐한다.

〈신문윤리실천요강〉

제1조 언론의 자유, 책임, 독립
언론인은 자유롭고 책임있는 언론을 실현하기 위해 부당한 억제와 압력을 거부해야 하며 편집의 자유와 독립을 지켜야 한다.
①(정치권력으로부터의 자유)언론인은 정권, 정당 및 정파 등 어떠한 정치권력이 언론에 대해 가하는 부당한 압력과 청탁을 거부해야 한다.
②(사회·경제 세력으로부터의 독립)언론인은 어떠한 단체, 종교, 종파등 사회세력과 그리고 기업 등 어떠한 경제세력의 부당한 압력, 또는 금전적 유혹이나 청탁을 거부해야한다.
③(사회적 책임) 언론인은 개인의 권리 보호에 최선을 기해야 하며, 건전한 여론형성과 공공복지향상을 위하여 사회의 중요한 공공공문제를 적극적으로 다루어야 한다.
④(차별과 편견의 금지)언론인은 지역간, 계층간, 성별간 갈등을 야기하는 편견을 가녀서는 안 되며, 이에 근거해 개인을 차별해서도 안

된다. 언론인은 아울러 장애인, 외국인 등 소수자의 사회적 약자의 권리를 보호해야 하며, 아울러 이들에 대한 편견을 갖지 말아야 한다.

제2조 취재 준칙
기자는 취재를 위해 개인 또는 단체를 접촉할 때 필요한 예의를 지켜야 할 뿐만 아니라 비윤리적인 또는 불법적인 방법을 사용해서는 안 된다. 또한 기자는 취재를 위해 개인을 위협하거나 괴롭혀서는 안 된다.

①(신분사칭, 위장 및 문서반출 금지)기자는 신문을 사칭하여 취재해서는 안 되며 문서, 자료, 컴퓨터 등에 입력된 전자정보, 사진 기타 영상물을 소유주나 관리자의 승인 없이 검색하거나 반출해서는 안 된다. 다만 공익을 위해 부득이 필요한 경우와 다른 수단을 통해 취재할 수 없을 때에는 예외로 정당화 될 수 있다.

②(재난 등 취재)기자는 재난이나 사고를 취재할 때 인간의 존엄성을 침해하거나 피해자의 치료를 방해해서는 안 되며 재난 및 사고의 피해자, 희생자 및 그 가족에게 적절한 예의를 갖추어야 한다.

③(병원 등 취재) 기자는 병원, 요양소, 보건소 등을 취재할 때 신분을 밝혀야 하며 입원실을 포함한 비공개 지역을 허가 없이 들어가서는 안 된다. 또한 기자는 허가 없이 환자를 상대로 취재하거나 촬영해서는 안 되며 환자의 치료에 지장을 주어서는 안 된다.

④(전화 취재)기자는 전화로 취재할 때 신문을 밝히는 것을 원칙으로 하며 취재원에 대해 최대한 예의를 지켜야 한다.

⑤(도청 및 비밀촬영 금지)기자는 개인의 전화도청이나 비밀촬영 등 사생활을 침해해서는 안 된다.

제3조 보도준칙

보도기사(해설기사 포함)는 사실의 전모를 충실하게 전달함을 원칙으로 하며 출처 및 내용을 정확히 확인해야 한다. 또한 기자는 사회정의와 공익을 실현하기 위해 진실을 적극적으로 추적 보도해야 한다.

①(보도기사의 사실과 의견 구분) 기자는 사실과 의견을 명확히 구분하여 보도기사를 작성해야 한다. 또한 기자는 편견이나 이기적 동기로 보도기사를 고르거나 작성해서는 안 된다.

②(미확인 보도 명치 원칙) 기자는 출처가 분명치 아니하거나 확인되지 않은 사실을 부득이 보도할 경우 그 점을 분명히 밝혀야 한다.

③(선정보도의 금지) 기자는 성범죄, 폭력 등 기타 위법적이거나 비윤리적 행위를 보도할 때 음란하거나 잔인한 내용을 포함하는 등 선정적으로 보도해서는 안 되며 또한 저속하게 표현해서는 안 된다.

④(답변의 기회)보도기사가 개인이나 단체에 대한 비판적이거나 비방적 내용을 포함할 때에는 상대방에게 해명의 기회를 주고 그 내용을 반영해야 한다.

⑤(보도자료의 검증) 취재원이 제공하는 구두 발표의 홍보성 보도자료는 사실의 검증을 통해 확인 보도하는 것을 원칙으로 한다.

⑥(피의사실의 보도)경찰 및 검찰 등 수사기관이 제공하는 피의사실은 진실 여부를 확인하도록 노력해야 하며 피고인 또는 피의자측에게 해명의 기회를 주기 위해 최선을 다해야 한다.

제4조 사법보도준칙

언론인은 사법기관의 독립성을 부당하게 훼손하는 취재, 보도, 평론을 해서는 안 된다.

①(재판에 대한 부당영향 금지) 언론인은 재판에 부당한 영향을 끼치는 취재, 보도, 평론을 해서는 안 된다.
②(판결문 등의 사전보도 금지)기자는 판결문, 결정문 및 기타 사법문서를 판결이나 결정전에 보도, 논평해서는 안 된다. 다만 관련 취재원이 사법문서에 포함된 내용을 제공할 때에는 예외로 한다.

제5조 취재원의 명시와 보호
보도기사는 취재원을 원칙적으로 익명이나 기명으로 표현해서는 안 되며 추상적이거나 일반적인 취재원을 빙자하여 보도해서는 안 된다. 그러나 기자가 취재원의 비보도 요청에 동의한 경우 이를 보도해서는 안 된다.
①(취재원의 명시와 익명조건)기자는 취재원이나 출처를 가능한 한 밝혀야 한다. 다만 공익을 위해 부득이 필요한 경우나 보도가치가 우선하는 경우 취재원이 요청하는 익명을 받아들일 수 있다. 이 경우 그 취재원이 익명을 요청하는 이유, 그의 소속기관, 일반적 지위 등을 밝히도록 노력해야 한다.
②(제3자 비방과 익명보도 금지)기자는 취재원이 익명의 출처에 의존하거나 자기의 일방적 주장에 근거하여 제3자를 비판, 비방, 공격하는 경우 그의 익명 요청은 원칙적으로 받아들여서는 안 된다.
③(배경설명과 익명조건)기자는 취재원이 심층배경설명을 할 때 공익을 위해 필요한 경우 그의 익명 요청을 받아들일 수 있되,취재원의 소속기관과 일반적 지위를 밝혀야 한다.
④(취재원과의 비보도 약속)기자가 취재원의 신원이나 내용의 비보도 요청에 동의한 경우 취재원이 비윤리적 행위 또는 불법행위의 당사자인 경우를 제외하고는 보도해서는 안 된다.

⑤(취재원보호)기자는 취재원의 안전이 위태롭거나 부당하게 불이익을 받을 위험이 있는 경우 그 신원을 밝혀서는 안 된다.

제6조 보도보류시한

기자는 취재원이 요청하는 보도보류시한에 대해 합리적인지 판단하여 수용 여부를 결정하여야 한다.

①(보도보류시한의 연장 금지)기자는 자의적인 상호협정으로 보도보류시한을 정하거나 연장해서는 안 된다.

②(보도보류시한의 효력 상실)보도보류시한은 시한을 정한 목적에 위배되는 사정이 발행했을 경우 그 효력을 상실한다.

제7조 범죄보도와 인권존중

언론인은 유죄가 확정되기 전의 형사사건 피의자 및 피고인의 인권을 존중해야 한다. 또한 범죄에 연루된 정신이상자와 박약자, 성범죄에 연루된 피해자 및 무관한 가족들의 인권을 존중해야 한다. ①(형사피의자 및 피고인의 명예 존중)언론인은 형사사건의 피의자 및 피고인이 무죄로 추정된다는 점을 유의하여 경칭을 사용하는 등 그의 명예와 인격을 존중해야 한다. 다만 피의자가 현행범인 경우와 기소후 피고인에 대한 경칭의 사용여부는 개별 언론사의 편집정책에 따른다.

②(성범죄와 무관한 가족 보호)기자나 편집자는 성범죄를 보도하는 경우 무관한 가족의 신원을 밝혀서는 안 된다.

③(미성년 피의자의 신원 보호)기자나 편집자는 미성년(18세 이하)의 피의자 또는 피고인의 사진 및 기타 신원자료를 밝혀서는 안 된다.

④(자살보도의 신중)자살보도는 사회에 미치는 영향을 고려하여 신중해야 한다. 자살 방법 등에 대한 구체적인 묘사 등 대중의 호기심에 영합하는 보도를 해서는 안 된다.

⑤(피의자 및 참고인 등 촬영 신중)기자는 형사사건의 피의자, 참고인 및 증인을 촬영하거나 사진 또는 영상을 보도할 때는 최대한 공익과 공공성을 고려해야 한다.

제8조 출판물의 전재와 인용

언론사와 언론인은 신문, 통신, 잡지 등 기타 정기간행물, 저작권 있는 출판물, 사진, 그림, 음악 기타 시청각물의 내용을 표절해서는 안 되며 내용을 전재 또는 인용할 때는 그 출처를 밝혀야 한다.

①(통신 기사의 출처명시)언론사와 언론인은 통신 기사를 자사 기사와 구별하여 출처를 밝혀 사용하여야 하며 사소한 내용을 변경하여 자사 기사로 바꿔서는 안 된다.

②(타언론사 보도 등의 표절금지)언론사와 기자는 보도와 논평을 표절해서는 안 된다며 출처를 명시하지 않고 실체적 내용을 인용해서는 안 된다. 복수의 매체나 웹사이트 등을 통해 공개된 정보는 예외로 하며, 출처가 여럿일 경우 이를 포괄적으로 명시할 수 있다.

③(타출판물의 표절 금지)언론사와 언론인은 타인의 저작권을 침해 해서는 안 되며 저작자의 동의 아래 인용할 경우 그 출처를 밝혀야 한다.

④(사진 및 기타 시청각물의 저작권 보호)언론사와 언론인은 개인이나 단체의 사진, 그림, 음악, 기타 시청각물의 저작권을 보호해야 하며 보도나 평론에 사용할 경우 그 출처를 밝혀야 한다.

제9조 평론의 원칙

평론은 진실을 근거로 의견을 공정하고 바르게 표명하되 균형과 절제를 잃지 말아야 하며 특히 고의적 편파와 왜곡을 경계해야 한다. 또한 평론은 정치적 입장을 자유로이 표현할 수 있으며 논쟁적 문제에 대해 다양한 공중의 의견을 폭넓게 수용하여 건전한 여론형성을 위해 노력해야 한다.

①(논설의 정론성) 사설은 소속 언론사의 정론적 입장을 대변해야 하며 특히 언론사의 상업적 이익이나 특정 단체와 종파의 이권을 대변해서는 안 된다.

②(정치적 평론의 자유) 사설 등 평론은 실정법을 위법하지 않는 한 특정 정당 또는 특정 후보자에 대한 지지 또는 반대를 표명하는 등 언론사의 정치적 입장을 자유로이 표현할 수 있다.

③(반론의 기회) 사설 등 평론이 개인 또는 단체를 비판하는 경우 비판받은 당사자와 적절한 해명과 반론의 기회를 주도록 노력해야 한다.

제10조 편집지침

편집자는 사내외의 압력이나 억제로부터 자유로워야 하며 공개된 편집기준에 따라 독립적으로 편집해야 한다. 또한 편집자는 기사 내용을 과장하거나 왜곡학는 등 선정적인 편집을 해서는 안 된다.

①(표제의 원칙) 신문의 표제는 기사의 요약적 내용이나 핵심적 내용을 대표해야 하며 기사 내용을 과장하거나 왜곡해서는 안 된다.

②(편집변경 및 선정주의 금지)편집자는 사내외의 부당한 요구에 따라 기사를 없애거나 기사의 면 배치, 면 위치, 크기 등 내용을 바꾸어서는 안 되며 음란하거나 잔혹한 내용으로 선정적인 편집을 해서는 안 된다.

③(미확인사실 과대편집 금지)편집자는 출처가 분명하지 않거나 확인되지 않은 사실을 부득이 보도할 경우 과대하게 편집해서는 안 된다.
④(기고기사의 변경 금지)편집자는 사외 기고기사의 경우 기고자의 동의 없이 기사의 실체적 내용을 변경해서는 안 된다.
⑤(기사의 정정)편집자는 사실의 오류를 발견하거나 독자가 잘못된 사실의 정정을 요구할 경우 그 내용을 신속히 그리고 뚜렷하게 개재해야 한다.
⑥(관계 사진 게재) 보도사진은 기사의 실제적 내용과 직접적으로 관련을 가져야 하며 그것을 사진설명으로 밝혀야 한다. 다만 부득이 한 경우 기사와 간접적 관련이 있는 사진을 사용할 수 있되 그 사실을 밝혀야 한다.
⑦(사진조작의 금지)편집자는 보도사진의 실체적 내용을 삭제, 첨가, 변형하는 등 조작해서는 안 된다. 다만 편집의 기술적 편의를 위해 부득이한 경우 최소한의 조작기법을 사용할 수 있되 그 사실을 밝혀야 한다.

제11조 명예와 신용존중
언론인은 개인과 단체의 명예나 신용을 훼손하는 보도 및 평론을 해서는 안 된다.
①(개인의 명예, 신용 훼손 금지) 기자는 오보, 부정확한 보도, 왜곡보도, 그리고 공익과 무관한 사실 보도 등으로 개인이나 단체의 명예나 신용을 훼손해서는 안 된다.
②(저속한 표현에 의한 명예훼손)기자는 개인이나 단체를 저속하게 표현하여 명예를 훼손해서는 안 된다.

③(사자의 명예존중) 보도와 평론은 사자의 명예를 부당하게 훼손해서는 안 된다.

제12조 사생활 보호

언론인은 공익을 위해 부득이 필요한 경우를 제외하고는 개인의 사생활을 보도, 평론을 해서는 안 된다.

①(사생활 영역 침해 금지) 기자는 개인의 주거 등 사생활 영역에 허락 없이 침입해서는 안 된다.

②(전자개인정보 무단검색 등 금지) 기자는 컴퓨터 등 전자통신기에 입력된 개인정보를 소유주나 관리자의 승인 없이 검색하거나 출력해서는 안 된다.

③(사생활등의 사진촬영 및 보도 금지) 기자는 개인의 사생활, 사유물, 개인에 속한 기타 목적물을 동의 없이 촬영하거나 취재 보도해서는 안 된다. 다만 공인의 경우는 예외로 한다.

④(공인의 사생활 보도) 언론인은 공인의 사생활을 보도, 평론하는 때에도 절제를 잃지 않도록 경계해야 한다.

제13조 어린이 보호

언론인은 어린이의 건전한 인격 형성과 정서 함양을 위해 노력해야 하며 특히 음란하거나 폭력적인 유해환경으로부터 어린이를 보호해야 한다.

①(어린이 취재 보도) 기자는 부모나 기타 보호자의 승인 없이 어린이(13세 미만)를 대상으로 인터뷰나 촬영을 해서는 안 된다. 또한 기자는 학교장이나 유치원장 등 보호책임자 동의 없이 어린이를 접촉하거나 촬영을 해서는 안 된다.

②(성범죄와 어린이 보호) 기자나 편집자는 어린이나 어린이의 가족이 성범죄에 연루된 경우 그 어린이의 신원을 밝혀서는 안 된다.
③(유괴보도제한 협조) 기자나 편집자는 어린이가 유괴된 경우 무사히 생환하는데 모든 협조를 다해야 하며 특히 유괴돈 어린이가 범인의 수중에 있는 때에는 가족이나 수사기관의 보도제한요청에 응해야 한다.
④(유해환경으로부터의 어린이 보호) 언론인은 폭력, 음란, 약물사용의 장면을 미화하거나 지나치게 상세하게 보도하여 어린이에게 유해한 환경을 조성하지 않도록 특별히 경계해야 한다.

제14조 정보의 부당이용 금지
기자는 취재과정에서 얻은 정보를 본인, 친인척, 또는 기타 지인의 이익을 위해서 사용하거나 다른 개인이나 기관에 넘겨서는 안 된다.
①(기자 본인 및 친인척의 소유주식에 관한 보도제한) 기자는 본인, 친인척, 친인척, 또는 기타 지인의 이해관계를 갖는 주식 및 증권정보에 관해 보도해서는 안 된다.
②(소유주식 및 증권의 거래 금지) 기자는 주식 및 증권정보에 관해 최근에 기사를 썼거나 가까운 장래에 쓰고자 할 때 그 주식이나 증권의 상업적 거래에 직접 또는 간접적으로 참여해서는 안 된다.
③(부동산 등 부당 거래 금지) 언론인은 취재 및 기타 언론활동서 얻은 정보를 부동산 거래 등 기타 사사로운 이익을 위해 이용해서는 안 된다.

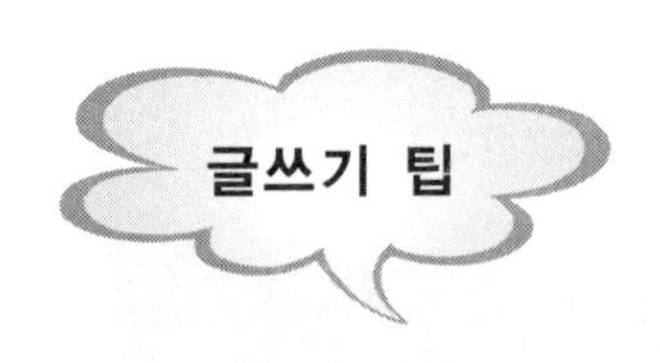

제15조 언론인의 품위

언론사와 언론인은 언론의 사회적 공기성에 합당하는 높은 직업적 기준을 준수함으로써 공인으로서의 품위를 지켜야 한다.

①(금품수수 및 향응 금지) 언론사와 언론인은 취재, 보도, 평론, 편집에 관련하여 이해당사자로부터 금품, 향응, 무료여행 초대, 취재여행의 경비, 제품 및 상품권, 고가의 기념품 등 경제적 이익을 받아서는 안 된다. 다만 서평을 위해 받은 서적은 예외로 하며 제품 소개를 위해 받은 제품은 공공목적으로 위해 사용해야 한다.

②(부당한 집단영향력 행사 금지) 기자는 공동취재나 친목 또는 직업적 공동이익을 위한 목적 이외에 단체를 구성하거나 활동해서는 안 되며 출입처와 기업 등 취재원에 대해 집단적 영향력을 행사해서는 안 된다. 특히 이들 취재원으로부터 금품이나 부당한 향응을 받아서는 안 된다.

③(부당한 금전 지불 금지) 언론인은 반사회적 범죄자에게 금전을 제공하는 등 비윤리적 방법에 의해 취재하거나 기타 자료를 취득해서는 안 된다.

④(기자의 광고, 판매, 보급행위 금지) 언론사는 언론직 종사자(편집자, 기자 등)에게 보급행위 및 광고판매를 요구해서는 안 되며 언론직 종사자도 그런 요구를 받아들여서는 안 된다.

제16조 공익의 정의

이 신문윤리실천요강에서 규정하는 공익을 위해 필요한 경우는 다음과 같은 사항을 포함한다.

①(국가안전 등) 국가의 안전보자, 사회질서 유지, 공공복리를 위해 부득이한 경우

②(공중안녕) 공중의 보건과 안전 및 환경보존을 위해 부득이한 경우
③(범죄의 폭로) 반사회적 범죄 또는 중대한 비윤리적 행위를 방지하기 위해 부득이한 경우
④(공중의 오도 방지) 개인이나 단체의 성명 또는 행동으로 공중이 오도되는 것을 막기 위해 부득이한 경우(한국신문협회, 한국신문방송편집인협회, 한국기자협회는 1957년 4월 7일 제정되어 1996년 4월 8일 전면개정, 2009년 3월 4일 부분 개정된 신문윤리강령 및 실천요강을 준칙으로 삼고 있음)

〈출처〉 한국신문윤리위원회, http://www.ikpec.or.kr/

♣ 주석

1) 양승찬·이강형 역, 2013, 112쪽 재구성.
2) 최진우, 1984, 22쪽.
3) 이동신, 1994, 313쪽.
4) 윤영철, 2009.
5) 양승찬·이강형, 2013, 374쪽.
6) 이동신, 1994, 319쪽.
7) 배규한 외 4인, 2004, 210쪽.
8) 이동신, 1994, 318쪽.
9) 사이버외국어대학교 교재편찬위원회, 2004, 39쪽.
10) 사어버외국어대학교 교재편찬위원회, 2004, 45쪽.
11) 박종화, 2004, 74쪽.
12) 고영신, 2007, 264쪽.
13) 이재경, 2000, 13-15쪽.
14) http://krdic.naver.com/detail.nhn?docid=38573500
15) 이재경, 2000, 16쪽, 재인용.
16) 이재경, 2000, 17쪽, 재인용.
17) 고영신, 2007, 241쪽.
18) 유영철, 2012, 19쪽.
19) 유영철, 2012, 20쪽.
20) 안창덕, 2004, 30쪽 재인용.
21) 고영신, 2007, 264-267쪽.
22) 김창룡, 2007, 121-162쪽 재구성.
23) 유영철, 2012, 30-46쪽.
24) 김창룡, 2007, 111-115쪽 재구성.
25) 고영신, 2007, 87쪽.
26) 고영신, 2007, 91쪽.
27) 김형진, 2000, 180쪽.
28) 고영신, 2007, 91-96쪽 재구성.
29) 한국편집기자협회, 2001, 56쪽.

30) 김병택 외 4인, 2007, 91쪽.

31) 고영신, 2007, 144쪽.

32) 사이버외국어대학교교재편찬위원회, 2004, 188쪽.

33) 김숙현, 2004.

【참고문헌】

고영신(2007). 디지털시대의 취재보도론, 나남.

김병택 외 4인(2007). 대학생의 글쓰기, 보고사.

김석현(2012). 2011년 10.26 서울시장 보궐선거에 관한 신문보도태도비교-전국 종합일간지 사설·칼럼 내용분석을 중심으로, 한국외국어대학교 석사학위 논문.

김숙현(2004). 디지털시대의 기사취재에서 작성까지, 범우사.

김종철(2011). 자살보도 권고기준의 이해와 실제. 한국기자협회·국가인권위원회·한국자살예방협회, 인권보도와 자실보도 어떻게 할 것인가, 사회부(경찰서) 출입기자 포럼 발제논문, 171-178쪽.

김주언(2011). 인권보도준칙. 한국기자협회·국가인권위원회·한국자살예방협회, 인권보도와 자실보도 어떻게 할 것인가, 사회부(경찰서)출입기자 포럼 발제논문. 25-32쪽.

김형진(2000). 현장취재보도론, 금샘미디어.

김창룡(2007). 인터넷 시대 실전취재보도, 커뮤니케이션북스.

박종화(2003). 미디어문장의 취재방법론, 한울아카데미.

배규환 외 4인(2004). 매스 미디어와 정보사회, 커뮤니케이션북스.

사이버외국어대학교 교재편찬위원회(2004). 미디어와 글읽기와 글쓰기, 한국외국어대학교.

이동신(1994). 뉴스, 한국언론학회편, 언론학원론, 범우사.

안창덕(2004). 송두율 교수 사건보도에 나타난 언론의 이데올로기적 지형-한겨레, 조선, 중앙, 세계일보의 사설과 칼럼을 중심으로, 서강대학교 석사학위논문.

양승찬·이강형(공역)(2013). 매스커뮤니케이션이론(제5판), 나남.

윤영철(2009). 뉴스의 이해: 저널리즘의 이론과 실제, 연세대사회과학대편, 사회과학의 이해, 연세대학교출판부.

유영철(2012). 신문 칼럼 구성요건에 관한 연구, 동아대학교 박사학위논문.

이재경(2000) 엮음. 오피니언면의 현황과 발전방향, 삼성언론재단.

최진우(1984). 신문보도기사론, 중앙출판.

한국언론진흥재단(2014). 언론인이 알아야 할 취재보도가이드.

■ 저자 김선남

현)원광대 신문방송학과 교수
현)언론중재위원(전북중재부)
경희대 박사
오하이오주립대(Akron)·뉴저지주립대(Montclair) 방문교수
한국언론학회·한국출판학회·한국커뮤니케이션학회·
한국주관성연구학회 편집위원 역임

<저서 및 역서>
-섹스와 돈(2009, 공역)
-텔레비전과 페미니즘(2002)
-텔레비전과 여성문화 : 방송문화진흥총서 41(2002, 공역)
-커뮤니케이션학이란 무엇인가(2001, 공역)
-미디어속의 여성읽기(2001)
-섹스·젠더·미디어(1999, 공저)
-여자는 외모로 승부하는가(1998)
-매스미디어와 여성(1997)
-출판기획방법론(1995)

초판 인쇄 2016년 2월 23일
초판 발행 2016년 2월 25일
저　　자 김 선 남
발 행 인 권 호 순
발 행 처 시간의물레
등　　록 2004년 6월 5일
등록번호 제1-3148호
주　　소 서울시 마포구 마포대로 4다길 3(1층)
전　　화 02-3273-3867
팩　　스 02-3273-3868
전자우편 timeofr@naver.com
블 로 그 http://blog.naver.com/mulretime
홈페이지 http://www.mulretime.com
I S B N 978-89-6511-149-8 (93070)
정　　가 17,000원